IMMANUEL BIRMELIN

mon cochon d'Inde

• MARABOUT •

SOMMAIRE

1 Typologie du cochon d'Inde

2 La vie rêvée du cochon d'Inde

Bienvenue à la maison

3

Une alimentation saine et savoureuse

4

5 Cobaye bien soigné en parfaite santé

6 Activité et bien-être

La famille s'agrandit

7

En cas de problème

8

Annexes

1. Typologie du cochon d'Inde

Ils ont bon caractère, ne griffent ni ne mordent pas, sont d'un naturel confiant et aiment les caresses – les cochons d'Inde sont des animaux domestiques presque parfaits. Mais ils ont aussi leurs exigences.

Apprendre à connaître son cochon d'Inde

D'où viennent les petits rongeurs ? Comment vivent-ils ? Que savent-ils faire ? Toutes ces questions sont importantes pour élever des cochons d'Inde. Les résoudre permet de comprendre les petits animaux afin de pouvoir répondre à leurs besoins.

L'ASPECT PHYSIQUE des cochons d'Inde a beaucoup changé au cours du dernier millénaire : depuis que l'homme y met la main et les élève selon ses besoins, les inconnus brun-gris des contrées sauvages se sont transformés en rongeurs corpulents et aimables aux taches multicolores.

Un animal à la fois utile et domestique

Des scientifiques boliviens ont récemment obtenu un cochon d'Inde de 4,5 kg contre 800 à 1 000 g normalement. Ce géant correspond aux attentes des populations sud-américaines : un animal bon à manger et suffisamment charnu. La demande n'est pas nouvelle, elle existe depuis toujours; l'homme et le cochon d'Inde ont une longue histoire commune. Les Indiens des hauts plateaux péruviens ont commencé à élever les petits rongeurs 4 000 ans avant Jésus-Christ. L'animal sauvage est devenu domestique et l'appétit des Péruviens n'a pas faibli depuis : ils engloutissent encore chaque année 65 millions de cochons d'Inde et tous les marchés aux bestiaux du pays en proposent. Les paysans les élèvent dans des fosses autour de leurs maisons, de préférence à proximité des fourneaux, un quotidien des campagnes sans rien de romantique. Mais pour produire 17 000 tonnes de viande, il faut d'autres méthodes, les petits rongeurs sont donc aussi produits dans de grandes exploitations comme chez nous les bovins ou les porcs. En Europe, les cochons d'Inde n'ont jamais été élevés à des fins alimentaires comme dans leurs pays d'origine, mais uniquement pour amuser les enfants. Ils ont conquis en un tour de main les cœurs des nobles espagnols lorsque les conquistadors les ont ramenés d'Amérique au XVIe siècle et leur marche triomphale se poursuit

De petits compagnons toujours attentifs : les cochons d'Inde sont loin d'être des animaux paresseux, et encore moins ennuyeux !

Le cochon d'Inde sauvage (Cavia aparea) *est l'une des trois espèces qui ont donné naissance aux cochons d'Inde domestiques. La diffusion du genre* Cavia *va de la Colombie à l'Argentine.*

depuis. Ils sont aujourd'hui des animaux domestiques très appréciés et bénéficient d'une sympathie que leurs ancêtres sauvages n'ont jamais connue.

Des ancêtres sauvages

Dans la nature, les cochons d'Inde sauvages doivent lutter durement pour survivre, un combat auquel ils sont parfaitement préparés car ils résistent au froid aussi bien qu'à la chaleur. On les trouve dans les régions tempérées d'Amérique du Sud et d'Amérique centrale, de la Colombie au Chili et à l'Argentine, ainsi que dans les Andes jusqu'à 5 000 m d'altitude ; ils sont uniquement absents des basses terres tropicales et des régions andines les plus froides. Ils sont de constitution menue, aussi vifs que des écureuils et leur pelage est adapté à leur environnement. Ils ne sont actifs qu'au crépuscule et on les voit alors courir furtivement de terrier en terrier le long de petites pistes battues. Ils se nourrissent essentiellement d'herbes et de graminées dures et vivent en colonies de 20 à 40 individus. Comme presque tous les mammifères, chaque mâle « possède » plusieurs femelles qu'il défend dans des combats parfois sanglants ; la structure sociale dominante chez les cochons d'Inde est le harem, qu'ils soient sauvages ou domestiques. Un animal sauvage reste néanmoins très différent d'un animal domestiqué, comme l'a constaté Christine Künzl de l'université de Münster. En effet, les cochons d'Inde domestiques sont moins agressifs, moins attentifs et moins farouches que leurs cousins sauvages, les mâles effectuent des parades plus fréquentes et leurs contacts sociaux sont plus intenses. Enfin, les cochons d'Inde sauvages sont extrêmement difficiles à repérer dans la nature où leur poil brun-gris leur offre un camouflage presque parfait.

Une nouvelle race : Les chercheurs de l'université de Münster, sous la direction du professeur Sachser, ont fait sensation dans le monde scientifique : ils ont découvert une nouvelle espèce de cochon d'Inde. Comme souvent dans ce cas, le résultat est le fruit du hasard. Il y a six mois environ, les scientifiques ont importé de la province bolivienne de Cochabamba douze rongeurs pour les croiser avec leurs cobayes et éviter ainsi les problèmes de consanguinité. Ils n'ont cependant obtenu aucune descendance. Le biologiste Matthias Asher, qui avait observé les animaux en liberté, remarqua des différences de comportement par rapport aux autres espèces de cochons d'Inde : les pères jouaient avec leurs petits au lieu de les rejeter avec agressivité et ils étaient monogames (chaque mâle vit avec une seule femelle), ce qui est extrêmement rare puisque seules 3 à 5 % des 4 250 espèces de mammifères est monogame dans le monde entier. D'autres analyses plus poussées telles qu'étude du patrimoine génétique ou comparaisons osseuses et dentaires ont éliminé tous les doutes qui subsistaient encore : une nouvelle espèce de cochons d'Inde venait d'être découverte. La ville de Münster a eu le privilège de donner son nom au petit nouveau, baptisé « cochon d'Inde de Muenster », ou de son nom scientifique *Galea monasteriensis*. Ce cochon d'Inde sauvage pèse environ 300 grammes et son pelage est gris-roux.

Des cochons d'Inde géants : L'un des ancêtres des cochons d'Inde actuels possédait des mensurations tout autres. La nouvelle a fait l'effet d'une bombe lorsque Marcelo Sanchez-Villagra de l'université de Tübingen a découvert le squelette d'un monstre géant au Venezuela et affirmé qu'il s'agissait du prédécesseur du cobaye : l'animal pesait 700 kg pour une longueur de 3 m et une hauteur de 1,3 m, c'était le plus gros rongeur ayant jamais vécu, aussi gros qu'un buffle. Mais pourquoi ce géant n'a-t-il pas survécu ? Un animal de cette taille a besoin d'une nourriture abondante et de beaucoup de temps pour la trouver, il est également une proie facile pour les grands carnassiers. Sa seule défense envi-

La vie en groupe

1 **Cochons d'Inde sauvages** devant leur refuge. Les environs sont inspectés avec soin : la voie est-elle libre ou un danger menace-t-il ?

2 **Les cousins sauvages** de nos cochons d'Inde domestiques vivent en colonies où ils se constituent un harem : chaque mâle possède plusieurs femelles qu'il défend courageusement contre ses congénères étrangers.

DIFFÉRENCES ENTRE COCHON D'INDE SAUVAGE ET DOMESTIQUE

	Cochon d'Inde sauvage	Cochon d'Inde domestique
Couleur	Brun-gris sombre et uni.	Uni ou tacheté, nombreuses nuances, du brun au roux et au noir.
Poil	Court et lisse.	Court et lisse, mais parfois aussi long et lisse ou à rosettes.
Anatomie	Mince ; tête fine et pointue ; pattes fines, petits pieds ; petites oreilles droites au sommet de la tête ; longueur maximale 20 cm.	Plus massif ; tête large, museau arrondi ; plus grandes oreilles, pendantes chez certaines races ; longueur maximale 33 cm.
Comportement	S'habitue à l'homme mais reste peureux ; mord sauvagement en cas de menace ; vif et rapide, peut sauter jusqu'à 60 cm de haut.	Facile à apprivoiser, perd vite toute timidité ; ne mord pas et accepte mieux ses congénères ; pas de saut en hauteur.
Cris	Ronronnements rares et généralement bas ; pépiement ou chant, ainsi nommé parce qu'il rappelle les cris d'alarme des oiseaux, plus fréquent, se fait entendre lorsque l'animal est inquiet ou en conflit.	Les mâles de rang supérieur ronronnent souvent haut et fort ; pépiement rare.
Groupe	Lorsque les jeunes mâles atteignent leur maturité sexuelle, ils sont chassés par leurs pères qui les mordent. Les femelles, elles, restent dans le groupe et les plus jeunes d'entre elles se soumettent à la hiérarchie qui y règne.	Le rejeton mâle n'est pas chassé du groupe mais s'y conquiert un rang avec le temps. Les cochons d'Inde domestiques sont moins agressifs que leurs congénères sauvages.

sageable est la vitesse, les ongulés africains survivent car ils sont des champions à la course. Or, certains scientifiques pensent que *Phoberomys pattersoni* (tel est le nom scientifique du cochon d'Inde géant) était ralenti par son anatomie spécifique de rongeur et qu'il a donc été exterminé par de grands prédateurs.

Portrait-robot biologique

Squelette : Les pattes avant ont quatre orteils et les pattes arrière trois. La clavicule est presque totalement atrophiée. Les cochons d'Inde n'ont pas de queue, bien qu'ils possèdent étonnamment six vertèbres caudales. Leur démarche et l'anatomie de leurs membres en font une forme intermédiaire entre les plantigrades et les digitigrades : ils marchent sur leurs orteils et se tiennent debout sur la plante du pied.
Glandes cutanées : Les cochons d'Inde possèdent des glandes sudoripares et sébacées, notamment sur les coussinets des pieds. Les plus importantes pour la vie en commun sont cependant la glande caudale, située au niveau du sacrum, et les glandes périnéales entre l'organe anal et les organes génitaux : la première produit chez les mâles adultes des sécrétions importantes pour la cohésion du groupe, le marquage du territoire et la reconnaissance des individus, tandis que les odeurs émises par les secondes jouent un rôle dans la sexualité des animaux.
Dents : La mâchoire supérieure et la mâchoire inférieure portent toutes les deux le même nombre de dents. La mâchoire supérieure a deux incisives, deux prémolaires et six molaires, mais pas de canines. Les molaires poussent en permanence et gagnent de 1,2 à 1,5 mm par semaine. Les cochons d'Inde viennent au monde avec une dentition adulte, le changement des dents de lait aux dents définitives se produit dans le ventre maternel.
Cœur : Il pèse 2,1 grammes environ et bat 230 à 380 fois par minute.
Température : La température corporelle du cochon d'Inde est de 38,5 °C.

Les cochons d'Inde se reconnaissent **à l'odeur** et en émettant des sons.

Longueur tête-tronc : 22 à 33 cm.
Poids : 800 à 1 000 grammes.
Système digestif : L'estomac a une contenance de 20 à 30 ml. L'intestin est long de 2,25 à 2,49 m. Les aliments végétaux sont d'abord décomposés dans l'intestin par des organismes microsco-

L'émail jaune qui recouvre les dents les protège, car elles sont fortement mises à contribution à force de ronger en permanence.

piques et éliminés sous forme d'excréments mous que les animaux mangent pendant leurs périodes de repos. C'est au cours de la deuxième digestion que les substances nutritives sont absorbées. Les crottes produites sont alors dures et sèches.

LE SAVEZ-VOUS ?

Les cochons d'Inde sont des animaux de culte

Depuis des milliers d'années, les cochons d'Inde sont des animaux mythiques pour les habitants du Pérou actuel. Ils sont souvent utilisés pour des sacrifices par les guérisseurs des Andes. Une tradition écrite rapporte que les Incas sacrifiaient chaque année en juillet sur la place principale de Cuzco 1 000 cochons d'Inde blancs et 100 lamas blancs à leurs dieux, selon un rituel censé assurer une bonne récolte.

Le dimorphisme sexuel

À première vue, les cochons d'Inde mâles et femelles se ressemblent beaucoup. En regardant de plus près, on peut cependant distinguer les testicules des mâles adultes, deux petites bourses bien reconnaissables à proximité de l'anus (→ photo page 55). Même les cochons d'Inde nouveau-nés sont faciles à différencier lorsqu'on sait comment s'y prendre : tenir l'animal le ventre en l'air et presser doucement son ventre du doigt, le pénis ressort alors nettement chez les mâles. Bien sûr, les sujets plus âgés peuvent aussi être soumis à ce traitement pour s'assurer de leur sexe.

Les sens chez le cochon d'Inde

Il est très important de savoir comment les cochons d'Inde entendent, voient, sentent et ressentent, tout simplement parce que connaître leur perception de l'environnement permet de mieux les comprendre et de mieux les traiter. Les organes sensoriels sont notre lien avec le monde extérieur que chaque espèce animale appréhende de manière différente. L'importance de ces organes est le plus souvent sous-estimée par les éleveurs, mais de nombreuses années d'expérience m'ont appris à quel point il était essentiel de mieux les connaître pour vivre en bonne harmonie avec des cochons d'Inde.

Les cochons d'Inde ont été longtemps considérés comme impossibles à dresser et la conclusion qu'on en tirait était à la fois fausse et injuste, à savoir qu'ils sont

Les cochons d'Inde ont une ouïe très fine.
Ils n'aiment pas **les bruits trop forts**.
Pour cette raison, toujours leur parler doucement.

mignons, mais idiots. Lorsque nous avons commencé avec notre équipe de chercheurs à apprendre à des cochons d'Inde à appuyer sur des boutons verts, rouges et bleus pour voir s'ils distinguaient les différentes couleurs, nous avons constaté que les animaux se figeaient brusquement et prenaient peur en entendant des sons trop forts. Ces jours-là, aucune expérience n'était plus possible. Comment avons-nous fait le lien entre le son et leur peur ? L'un des membres de l'équipe, un génie de la musique, pouvait entendre des sons jusqu'à une fréquence de 21 000 hertz, inaudibles aux autres, il observa que les cochons d'Inde s'effrayaient des sons trop forts et refusaient alors de coopérer. La conclusion était évidente : nous avons protégé nos cobayes de ces sons et le succès n'a plus tardé.

Avec les yeux d'un cochon d'Inde

Comme tous les herbivores, les cochons d'Inde ont les yeux sur le côté de la tête, une position latérale qui leur ouvre un large champ de vision et leur permet de voir les objets de côté comme de derrière ; leur champ oculaire est de 340 degrés. Cette faculté de vision assure leur survie dans les contrées sauvages où sans elle, ils seraient des proies faciles pour les carnassiers. La vision circulaire a cependant son prix et les cochons d'Inde ont une très mauvaise vue stéréoscopique (du relief). Si cela n'est pas très grave dans les steppes d'Amérique du Sud, de nombreux dangers guettent les animaux dans une maison. Ils ne perçoivent notamment pas, ou mal, les différences de hauteur et peuvent facilement tomber d'une table. En revanche, ils détectent le moindre mouvement, ce qui les protège des prédateurs. Malgré cela, un cochon d'Inde n'apprécierait guère une séance de cinéma, qui ne constituerait à ses yeux qu'une succession d'images clignotantes car il distingue 33 images par seconde, alors que nous ne dépassons pas 22. Enfin, si on a longtemps cru que les petits rongeurs ne distinguaient pas les couleurs, on sait désormais que ce n'est pas le cas. J'ai moi-même démontré au cours d'expériences comportementales qu'ils font la

Les cochons d'Inde distinguent les couleurs, cette petite maison verte doit être inspectée !

différence entre rouge, vert et bleu et ces résultats ont été confirmés par d'autres chercheurs ; même s'ils sont aussi contredits par la présence, attestée par des scientifiques américains, de seulement deux cônes dans leur rétine, le rouge et le vert. S'il est donc incontestable que les cochons d'Inde distinguent certaines couleurs, on ne sait pas encore avec certitude s'ils voient le bleu.

Avec les oreilles d'un cochon d'Inde

Les cochons d'Inde sont des animaux très bavards et beaucoup de leurs comportements sont agrémentés de sons divers exprimant chacun une information bien précise. Les autres membres du groupe savent ainsi comment leur compagnon se sent ou ce qu'il désire et tous maintiennent un contact permanent, roucoulant et jacassant. Mâles et femelles se reconnaissent à certains sons et les couinements tendres de ces dernières rétablissent la paix parmi les bagarreurs. On ne sera donc pas surpris d'apprendre que les cochons d'Inde ont une ouïe très développée. On sait avec certitude qu'ils entendent les fréquences de 125 à 33 000 hertz, mais on suppose qu'ils vont jusqu'à 40 000 ou 50 000 hertz, sans compter les ultrasons inaudibles à l'oreille humaine dont le seuil auditif va de 20 à 20 000 hertz. L'ouïe des cochons d'Inde est donc supérieure à celle des hommes mais, comme nous, ils ne perçoivent pas avec la même netteté l'ensemble du spectre sonore : notre oreille est le plus sensible aux fréquences de 2 000 hertz tandis qu'aux autres nous devons parler plus fort pour être compris, celle des cochons d'Inde réagit surtout aux fréquences entre 500 et 8 000 hertz. Ils sont également sensibles aux bruits trop forts, surtout les sons à haute fréquence qui les frappent soudainement. Ils se dressent alors brusquement et se figent dans une immobilité parfaite, tandis qu'à l'intérieur, leur métabolisme traverse une véritable tempête : le cœur bat à tout rompre et des hormones de stress sont émises en abondance. C'est pourquoi il vaut mieux éviter tout bruit soudain et habituer ses animaux en douceur à un fond sonore, cela leur fait du bien autant qu'à leur maître.

Avec le nez d'un cochon d'Inde

On constate rapidement en observant des cochons d'Inde que leur nez est sans cesse en activité. Ils flairent sans cesse

Les cochons d'Inde vivent dans un monde d'odeurs et leur nez est sans cesse en activité. Tout ce qui est nouveau et inconnu doit être reniflé et inspecté avec soin. Quel parfum délicieux règne dans ce jardin !

tout ce qui les entoure, et avant tout leur partenaire. L'odorat est un moyen de communication important pour les petits rongeurs. Pendant deux ans, nous avons étudié les effets de certaines substances olfactives sur le comportement des animaux en faisant notamment plusieurs expériences avec un cochon d'Inde aux parties génitales recouvertes d'un pansement sur lequel avaient été répandues quelques gouttes d'urine étrangère, sans gêner en rien son comportement et facile à retirer. De telles expérimentations sont souvent passionnantes, comme le montrent les observations ci-dessous. Lorsqu'une femelle est marquée avec l'urine d'un mâle et qu'un autre mâle est introduit dans sa cage, que croit-on qu'il se passe ? Le mâle flaire les parties génitales de la femelle, puis recule aussitôt et commence à la menacer. Et si la femelle est imprégnée d'urine de son partenaire ? Le mâle ne reconnaît pas sa propre urine, recule et se montre menaçant de même. La question qui se pose est alors celle de savoir si l'urine en général a un effet répulsif ou s'il existe une différence entre l'urine d'un mâle et celle d'une femelle ? Une femelle portant l'odeur d'une autre attire les mâles qui la suivent et tentent de la chevaucher. Ce n'est là qu'un petit aperçu de toutes les expériences possibles. Elles ont permis de constater que l'urine mâle exerçait un effet répulsif sur les mâles, mais l'urine femelle un effet attirant et inhibiteur d'agressivité. Si un mâle étranger pénètre sur un territoire occupé par un autre, les deux rivaux peuvent lutter jusqu'à la mort, mais ce n'est pas la vue de l'autre qui les rend agressifs, uniquement son odeur. Comment peut-on en être sûr ? Nous avons élevé plusieurs groupes de cochons d'Inde comportant chacun un

TEST

Est-ce l'animal qui me convient ?

Les cochons d'Inde ne sont pas si faciles à élever. Il faut bien s'assurer que c'est l'animal qui vous convient avant d'en adopter.

	Oui	Non
1. Êtes-vous disposé à élever deux ou plusieurs cochons d'Inde ?	○	○
2. Avez-vous le temps d'offrir aux animaux une longue sortie chaque jour ?	○	○
3. Connaissez-vous quelqu'un pour s'occuper de vos cochons d'Inde pendant vos vacances ?	○	○
4. Êtes-vous disposé à vous occuper chaque jour intensivement de vos cochons d'Inde ?	○	○
5. Ferez-vous soigner un animal malade par un vétérinaire, même si cela coûte cher ?	○	○
6. Aimez-vous observer le comportement des cochons d'Inde ?	○	○
7. Leur donnez-vous aussi des aliments frais, comme des légumes, de la salade ou des fruits ?	○	○
8. Nettoyez-vous tous les jours la mangeoire et l'abreuvoir ?	○	○
9. Veillez-vous à ce que la cage soit propre ?	○	○
10. Proposez-vous des distractions à vos cochons d'Inde afin qu'ils ne s'ennuient pas ?	○	○

SOLUTION : 10 fois oui : vous êtes le maître que tous les cochons d'Inde voudraient avoir et ils se sentiront bien chez vous. 8 fois oui : peut-être devriez-vous réfléchir de nouveau aux questions auxquelles vous avez répondu non. Moins de 5 fois oui : les cochons d'Inde ne sont pas l'animal domestique qui vous convient.

mâle castré qui vivait paisiblement depuis des années. Nous avons frotté ce mâle castré avec de la paille d'une autre cage, aussitôt le chef du groupe a commencé à lui chercher querelle et à le menacer comme si c'était un étranger. Heureusement pour le mâle castré, son parfum s'est rapidement évaporé. L'odorat des cochons d'Inde n'a pas encore été mesuré scientifiquement avec précision, on dit en général, et c'est aussi mon avis, qu'ils sentent mieux que l'homme et moins que le chien. Il est surtout important de noter qu'un cochon d'Inde reconnaît l'odeur personnelle de son maître, éviter donc de l'approcher avec des mains qui sentent le parfum ou un produit d'entretien.

Le goût

Les herbivores comptent parmi les animaux au plus grand nombre de papilles gustatives. Les bovins viennent en tête : une vache possède près de 25 000 papilles, un lapin 17 000, contre seulement 473 pour un chat et 9 000 pour l'homme. Cela peut paraître surprenant mais est en fait plutôt sensé sur le plan biologique car les herbivores doivent être à même de distinguer les nombreuses espèces de plantes et d'herbes toxiques ou encore vertes. Le problème se pose aussi aux cochons d'Inde. En effet, et même si cela paraît difficile à croire, ces petits goinfres choisissent avec soin leur alimentation. On a souvent constaté que des cochons d'Inde avaient une préférence pour l'un ou l'autre mets, ni trop amer, ni trop sucré, et les scientifiques ont noté que s'ils buvaient volontiers de l'eau légèrement sucrée, ils évitaient aussi les aliments trop sucrés et refusaient l'eau amère, ce qui se comprend puisque les plantes vénéneuses ont souvent un goût amer.

Le toucher

On ne peut pas les manquer, les longs poils épais qui entourent la petite gueule et le museau des cochons d'Inde. Ce sont des poils tactiles à la fonction bien précise, ils informent leur propriétaire sur son environnement proche en identifiant la forme des objets, comme nous le faisons du bout des doigts ou de la langue. Mais ce n'est pas tout. Au crépuscule ou dans l'obscurité, les poils tactiles aident les animaux à s'orienter dans l'espace sur lequel ils fournissent des informations à chaque heurt, nous ne faisons rien d'autre lorsque nous tendons les bras dans le noir et nous déplaçons en tâtonnant. L'opération est plus facile pour les cochons d'Inde avec leurs poils, elle est aussi nécessaire car les sujets sauvages ne sont actifs qu'au crépuscule. Les poils tactiles les aident à trouver des passages où se faufiler en cas de fuite. Aussi attention, ne jamais couper les poils d'un cochon d'Inde !

ASTUCE

Le rôle des poils tactiles

Les poils tactiles aident les cochons d'Inde à s'orienter dans l'obscurité. Malheureusement, cette faculté est réduite chez certaines races dont les poils sont raccourcis ou ondulés, comme c'est notamment souvent le cas des cobayes rex et texels (→ à partir de la page 25).

Rien de plus difficile pour un cochon d'Inde que d'estimer les hauteurs.

La vie des cochons d'Inde

Peu d'espèces animales sont aussi connues que nos cochons d'Inde. Ils ont suscité l'intérêt de nombreux scientifiques qui ont étudié leur comportement. Parmi les plus dignes de mention, on peut citer le professeur de zoologie et d'études comportementales Norbert Sachser ou Sylvia Kaiser et son équipe, qui ont tous deux ouvert de nouvelles voies vers le monde intérieur de nos petits chéris.

Un comportement dicté par les hormones

Nombre de comportements des cochons d'Inde s'accompagnent d'une augmentation ou d'une diminution de la concentration d'hormones dans le sang. Le stress, par exemple, entraîne une augmentation du taux de cortisol. Ce que ressentent les animaux dépend aussi des hormones. Les cochons d'Inde ne se sentent bien qu'en compagnie d'un partenaire ou, mieux encore, en groupe, ce sont des animaux sociaux dont les réactions ne sont pas uniquement dictées par les instincts. Certains de leurs comportements, comme la menace, le combat ou la parade nuptiale, sont génétiquement programmés, mais l'usage qu'en font les animaux dépend toujours fortement de leur socialisation.

Les cochons d'Inde apprennent notamment dès leur plus jeune âge à gérer le stress. Les mâles obéissent à une hiérarchie très marquée et établissent un partenariat fixe avec les femelles, ce tissu social contribue à prévenir le stress. Si un nouveau cochon d'Inde s'introduit dans le groupe dont il ne connaît pas les règles, on assiste à un combat : le propriétaire du territoire s'avance vers l'intrus à grands pas, les pattes écartées tel un héros de western, les poils de la nuque hérissés, et claque des dents, non par crainte, mais pour montrer sa force. Il se met ensuite en position et sort les testicules de manière imposante. À ce point, les choses peuvent mal tourner. Si le nouveau ne cède pas, un combat sanglant se déclenche qui peut avoir une issue fatale lorsque la cage est trop petite pour permettre à l'animal qui a le dessous de fuir. Dans le meilleur des cas, le perdant se retire dans un coin et reste calme. Rien dans son apparence n'indique que ses hormones de stress ont doublé. Il n'est cependant pas rare de le voir alors dépérir et mourir en quelques jours, même sans blessure apparente. Si l'espace est suffisant, il se

La visite d'un étranger

1 Le cochon d'Inde étranger est d'abord observé **avec méfiance**. La peur règne encore et empêche d'avancer vers l'intrus.

2 **Les cochons d'Inde flairent** leurs congénères étrangers, surtout sur les joues et sous le menton.

3 **Grâce à son odorat,** le cochon d'Inde note si l'intrus est mâle ou femelle. Ici, deux femelles se sont rencontrées.

trouve un mini-territoire où se tenir sans être dérangé. Bien sûr, cette situation est temporaire et il est plus que jamais nécessaire de lui procurer un nouvel environnement (→ page 37). Mais pourquoi est-il si important pour les cochons d'Inde de conserver le groupe intact ? Tout simplement parce que dans les couples stables, chacun reçoit le soutien de l'autre lorsqu'un danger menace le groupe. Chacun peut compter sur l'autre et cela leur apporte une certaine paix. C'est la clé d'une reproduction active. Pour beaucoup d'espèces animales, la surpopulation peut avoir un effet boomerang : les animaux cessent de se reproduire et les chamailleries se multiplient. Rien de tel chez les cochons d'Inde.

Les petits groupes sont toujours dominés par le mâle. Il est le chef incontesté et défend ses femelles. Dans les groupes plus importants, l'espace vital du chef d'origine est partagé.

De petits territoires sont alors formés sur lesquels les mâles protègent leurs femelles. Les cochons d'Inde acceptent et respectent sans difficulté la position de chacun dans le groupe. On retrouve là un trait des sociétés humaines et, comme chez les hommes, la cohabitation paisible dépend finalement des expériences accumulées par chacun dans son enfance et sa jeunesse.

Le poids de l'expérience

Les cochons d'Inde mâles apprennent pendant la puberté comment gérer plus tard leur position d'animal dominant ou inférieur dans le groupe. À condition toutefois qu'ils aient l'occasion de mesurer leur force à des mâles plus âgés et expérimentés, c'est ainsi qu'ils apprennent les règles du jeu dans la colonie.

Les hormones de stress des chefs ou de leurs inférieurs sont identiques. La position de chacun dépend uniquement de la manière dont elle est acceptée. Une position d'inférieur n'est pas forcément une mauvaise position, il est tout à fait possible de s'en satisfaire, à condition d'avoir appris comment. C'est pourquoi l'expérience de la cohabitation joue un

rôle essentiel chez les cochons d'Inde et ne doit en aucun cas être sous-estimée. Pour l'illustrer, un bel exemple, le comportement étonnant de mâles ayant grandi au sein d'un groupe placés vingt jours dans un groupe étranger. Les premiers jours, ils ont exploré leur nouvel environnement et ne se sont pas occupé des femelles. Une bonne tactique, car cela leur a permis de ne pas s'attirer la haine des autres mâles, et donc de ne pas être attaqués, mais de s'intégrer progressivement au groupe et même d'en gravir les échelons hiérarchiques.

Les cochons d'Inde mâles élevés seuls ont connu un sort plus tragique. Ils ont perdu beaucoup de poids et certains sont morts sans présenter la moindre blessure apparente : ils n'étaient pas prêts à supporter les menaces et combats répétés, leurs hormones se sont rebellées. Qu'en est-il, pour finir, de l'autre sexe? Les femelles trouvent plus facilement leurs repères dans un nouveau groupe, quelle que soit l'éducation qu'elles ont reçue.

La famille sauvegardée

Les chercheurs de l'université de Münster ont récemment posé une pièce de plus dans le puzzle comportemental des cochons d'Inde. Les petits dont la mère a vécu dans un environnement stable pendant sa gestation se comportent différemment de ceux dont la mère a vécu dans un environnement instable. Mais qu'entend-on par stable et instable? Un environnement a été stable lorsque les

ASTUCE

L'union fait la force

Les cochons d'Inde sont très sensibles au stress. Des études ont montré qu'ils y résistaient beaucoup mieux à plusieurs. Le groupe aide à maîtriser les situations nouvelles et imprévues. Pour cette raison, ne jamais élever un cochon d'Inde seul.

Les cochons d'Inde sont par nature des **animaux grégaires**. Dans leurs pays d'origine, en Amérique du Sud, ils vivent en colonies.

mères ont vécu en permanence avec un mâle et cinq autres femelles, instable lorsque tous les trois jours, deux femelles ont été échangées avec deux de groupes étrangers, une petite modification, mais aux conséquences importantes. Les filles de mères en environnement instable font état d'un comportement plus masculin, leur taux d'hormone masculine testostérone est très important, tandis que les fils restent plus enfants. On le voit, la vie en communauté de nos petits sensibles est passionnante, mais complexe. C'est pourquoi il est important de bien composer ses groupes de cochons d'Inde.

L'importance des congénères

Les parents sauvages de nos cochons d'Inde sont des animaux grégaires. Le besoin de congénères est inscrit dans leurs gènes. Il en va de même avec nos cochons d'Inde domestiques lorsqu'ils sont retirés à leur environnement familier pour être placés dans une cage peu aménagée, leurs hormones de stress augmenteront beaucoup plus s'ils doivent affronter cette situation seuls, et beaucoup moins s'ils sont deux. Ils ont l'air cool au premier regard, mais leur cœur commence à battre plus fort dès l'arrivée dans le nouvel environnement et l'excitation dure trente minutes, tandis qu'en couple, le cœur retrouve son rythme normal au bout de seulement trois minutes. Ces chiffres sont éloquents : le stress dure dix fois plus longtemps chez un animal seul que chez un couple. Sans oublier qu'un animal seul ne dispose d'aucun partenaire vers lequel roucouler, couiner et ronronner : sans interlocuteur, la vie est solitaire et ennuyeuse, pour les cochons d'Inde comme pour les hommes.

Élevage en couple : Les partenaires s'entendent généralement bien, sans combats ni menaces. Le seul problème est celui de la reproduction (→ page 109).

Élevage de femelles : Il est parfaitement possible d'élever plusieurs femelles ensemble. Cependant, l'agressivité dans un tel groupe est plus élevée que dans un groupe composé d'un mâle et de plusieurs femelles, les animaux se battent plus fréquemment.

Élevage de mâles : Deux mâles peuvent s'entendre mais ont besoin de beaucoup d'espace pour que leurs chemins ne se croisent pas. Au moment de la puberté, vers deux à trois mois, on peut assister à des luttes de rang, généralement sans danger. Si le combat devient malgré tout

Le premier qui trouve la pomme commence à la manger tout seul.

trop violent, séparer les deux rivaux un court instant, normalement ils s'entendront de nouveau ensuite. Un mâle plus âgé et un plus jeune causeront le moins de problèmes, le vieux dominera et sera naturellement le chef.

Malgré tout, on déconseille plutôt l'élevage de plusieurs mâles ensemble. Le risque de mésentente est trop important, même si ces groupes sont passionnants à observer. Norbert Sachser a notamment constaté que certains mâles élevés uniquement avec d'autres mâles pouvaient montrer un comportement féminin. Baptisés « pseudo-femelles », ils seraient même activement courtisés et poursuivis par les autres mâles. Néanmoins, ce type d'élevage ne doit pas être absolument recherché.

Conseil : Le groupe de cochons d'Inde idéal comprend de nombreux mâles et de nombreuses femelles, il permet aux animaux de rang supérieur et à ceux de rang inférieur de cohabiter en paix et à chaque membre du groupe d'en apprendre les règles.

En revanche, un groupe composé de quelques mâles et de beaucoup de femelles est plus difficile à gérer car les disputes y sont très violentes et peuvent dégénérer en combats sanglants.

LE SAVEZ-VOUS ?

Les cochons d'Inde ne s'entendent pas avec les lapins

On est souvent tenté d'élever ensemble ces deux animaux aussi mignons l'un que l'autre, c'est pourtant déconseillé. Si l'on demandait à un cochon d'Inde avec qui il préfère vivre, un lapin ou un autre cochon d'Inde, la réponse serait évidente. Des expériences l'ont démontré sans équivoque. Lorsque des cochons d'Inde ont eu à choisir entre leurs congénères et des lapins, le résultat a été immédiat, ils ont naturellement élu leurs congénères. Rien d'étonnant à cela car les cochons d'Inde et les lapins ont, par exemple, des rythmes de vie radicalement différents et ne parlent pas le même langage. Un autre problème peut se poser, à savoir qu'en l'absence de congénères, un lapin mâle considère le cochon d'Inde comme un partenaire sexuel et tente sans cesse de le chevaucher ou le poursuit à travers toute la cage et le mord : le stress à l'état pur pour le cochon d'Inde.

Comportements et langage corporel

Le désir d'une bonne relation et de l'attachement de son petit compagnon à quatre pattes va généralement de pair avec un élevage approprié. Pour s'attacher durablement son animal, il est

MON ANIMAL DOMESTIQUE

Mon cochon d'Inde distingue-t-il les différentes couleurs ?

Poser debout un carton (5 x 10 cm) coloré en vert ou en bleu derrière deux écuelles placées en ligne à une distance d'un mètre ; le plier pour qu'il reste debout derrière l'écuelle.

Début du test :

Placer des aliments secs inodores dans l'écuelle au carton bleu et laisser l'autre vide. Lâcher le cochon d'Inde à un mètre de distance, à égale distance des deux écuelles. Au bout de plusieurs tentatives (10 à 15), il sait où se trouve la nourriture. Pour éviter qu'il ne repère la gauche et la droite, changer régulièrement le carton bleu de place. Faire le test avec d'autres couleurs.

Résultat du test :

nécessaire de le comprendre et de respecter ses besoins spécifiques. Les cochons d'Inde nous facilitent plutôt la tâche car leurs comportements et leur langage corporel sont très simples à comprendre.

Menace : Un cochon d'Inde d'humeur agressive ébouriffe les poils de sa nuque au moindre énervement et toute la fourrure du dos, des flancs et des joues en cas d'agitation plus importante. En même temps, il claque fortement des dents et les mâles présentent leurs testicules et tournent autour de leur adversaire. Cette tactique d'intimidation s'accompagne de la voix : le cochon d'Inde ronronne avec un « br br br » prolongé.

Piétinement : Le cochon d'Inde piétine lorsqu'il pèse de tout son poids sur les pattes antérieures et lève alternativement les pattes postérieures, de sorte que l'arrière du corps se balance d'un côté à l'autre. Plus le rang d'un mâle est inférieur et plus il est disposé à la fuite, plus il lève haut les pieds et balance son abdomen. Les cochons d'Inde piétinent ainsi pour intimider un adversaire.

Fixité : Les animaux craintifs cessent tout mouvement et restent parfaitement immobiles, comme gelés. Les femelles et les jeunes cochons d'Inde se figent ainsi fréquemment lorsqu'ils sont brusquement dérangés (bruit d'avion, porte qui claque). Les mâles de rang inférieur se figent à l'approche du mâle dominant.

Jets d'urine : Madame cochon d'Inde se défend des prétendants trop insistants avec des jets d'urine ciblés. On voit alors la femelle lever brusquement l'arrière-train le plus haut possible et émettre un jet presque horizontal vers l'arrière. Elle peut projeter son urine jusqu'à 30 cm.

Rumba : La manière dont les cochons d'Inde courtisent l'élue de leur cœur rappelle les pas de la danse sud-américaine rumba : le prétendant décrit en ronronnant des cercles au ralenti autour de sa dame.

Bâillements : Le cochon d'Inde qui bâille n'est pas fatigué, mais il a perdu et dépose les armes. Le vaincu dans un combat bâille à l'adresse de son vainqueur pour lui signaler son infériorité.

Gambades : Comme les enfants, les petits cochons d'Inde sautent et gambadent pour exprimer leur joie de vivre et leur envie de jouer. Et, toujours comme chez les hommes, les autres enfants ne tardent généralement pas à suivre le premier.

Couinements : Le long sifflement pénétrant reste rarement sans effet sur l'homme : le cochon d'Inde l'émet pour demander à manger.

Cris : Les cochons d'Inde font entendre un long cri aigu et prolongé lorsqu'ils ont très peur ou souffrent.

Gémissements : Ce son fort, bas et prolongé est émis par les jeunes animaux lorsqu'ils se sentent abandonnés ou en guise de plainte.

Ronronnement : Les cochons d'Inde mâles font entendre ce son grave mêlé de courts trilles pendant la menace ou la parade.

Un peu d'ordre : la systématique

Avec le très grand nombre d'espèces végétales et animales qu'on trouve dans le monde entier, on ne peut que reconnaître la nécessité de les classer et de les ordonner pour éviter les confusions et le risque de ne plus savoir de quoi chacun parle. La science a développé à cet effet un système de dénomination qui permet à chacun, quelle que soit sa nationalité, de savoir précisément de quelle espèce animale ou végétale il s'agit; tous les scientifiques savent que *Cavia aperea f. porcellus* désigne le cochon d'Inde domestique (les noms scientifiques sont le plus souvent d'origine latine ou grecque). Nous devons cette formidable classification au Suédois Carl von Linné,

Il y a quelque chose dans l'air. Cette savoureuse feuille verte ou un congénère dans les environs?

le système n'est toutefois pas simplement arbitraire, mais repose sur le principe de l'évolution, selon lequel les êtres vivants complexes sont nés d'êtres vivants simples à partir desquels ils se sont développés. L'ordre dans lequel sont classées les espèces est donc aussi l'expression de leurs liens de parenté naturels. La fiche signalétique zoologique du cochon d'Inde est rédigée comme suit :

Classe : *Mammalia* (mammifères).
Ordre : *Rodentia* (rongeurs).
Famille : *Caviidae* (cochons d'Inde ou cobayes).
Espèce : *Cavia aperea* (cochon d'Inde sauvage).
Espèce : *Cavia f. porcellus* (cochon d'Inde domestique).

Le cochon d'Inde domestique descend du cochon d'Inde sauvage (*Cavia aperea*) et est désigné par l'ajout «*forma domestica*» ou «*forma porcellus*».

L'élevage commun de cochons d'Inde et de petits perroquets ne pose aucun problème tant qu'on garde un œil sur la fine équipe.

Races de cochons d'Inde

Il existe aujourd'hui des nuances innombrables de cochons d'Inde, sans compter les différentes longueurs et structures de poils. Le choix est grand, mais aussi l'embarras qu'il suscite. Les pages suivantes présentent une petite sélection de races.

L'ÉLEVAGE des cochons d'Inde a donné naissance avec le temps à des animaux très variés, différant les uns des autres par leur couleur et leur pelage.

Le standard de la race

La gamme de couleurs va de l'albinos, d'un blanc pur aux yeux rouges, au noir de jais. Les combinaisons de taches et de structures de poils frappent par leur abondance. On trouve des cobayes à poil long, des cobayes angoras et certains dont les poils forment de multiples épis successifs, les cochons d'Inde rosettes, sans compter, bien sûr, ceux à poil lisse. Les races se distinguent à l'anatomie, à la couleur et au poil, elles sont décrites dans un standard qui tient lieu de base pour l'élevage et de critère pour les jurys des concours de cochons d'Inde. Les juges européens suivent en général le standard hollandais qui précise pour chaque race un certain nombre de critères anatomiques. Les plus beaux sujets ont ainsi le corps court et ramassé (bloqué) et une arrière-main vigoureuse, les pattes fortes et droites, la tête trapue, le rapport entre sa longueur et la distance des yeux aux oreilles bien proportionné, les yeux ronds et clairs, les oreilles glabres qui doivent pendre et présenter une légère ondulation au milieu, enfin le museau rond et les joues bien développées. Le poids autorisé est de 700 à 1 200 g pour les femelles et de 700 à 1 800 g pour les mâles.

Outre le standard hollandais, il existe un standard anglais et un standard américain qui s'en distinguent surtout par les couleurs et les poils des cochons d'Inde.

ASTUCE

Soucis de santé

Mieux vaut bien réfléchir avant d'adopter des cochons d'Inde parfaitement conformes au standard de la race. En effet, la forme de tête préconisée, ronde au museau court, entraîne de fréquents problèmes respiratoires et dentaires pour les animaux qui souffrent aussi très souvent d'importants écoulements oculaires.

D'un seul coup d'œil : les différentes espèces

Jeune cochon d'Inde agouti

Ce jeune cobaye est agouti, c'est-à-dire de couleur fauve, et ressemble donc, au moins pour ce qui est de la couleur, à ses cousins sauvages. Chez les cochons d'Inde à poil lisse typiques, la tête présente un nez rond et le corps une largeur égale des épaules aux hanches. Tous les cochons d'Inde ont quatre orteils aux pieds avant et trois aux pieds arrière.

Cochon d'Inde agouti adulte

Les cochons d'Inde à poil lisse existent en d'innombrables nuances. Ils ont tous en commun des poils longs de trois centimètres environ, collés le long du corps, sans épi ni ondulations. Ce sujet de couleur agouti se distingue facilement d'un sujet sauvage à ses oreilles pendantes.

Tricolore

Ce cochon d'Inde porte des taches de trois couleurs différentes. Lorsqu'elles sont nettement délimitées à la manière d'un damier, le motif est appelé écaille-de-tortue.

Cobaye bringé

Le pelage des cochons d'Inde à poil lisse est facile à soigner et se salit moins rapidement, ce qui explique qu'ils conviennent le mieux aux éleveurs débutants. Cet intéressant sujet bringé de gris présente une forme intermédiaire fréquente d'oreilles, entre les oreilles dressées et les oreilles pendantes.

Roux et blanc

Ça n'est pas un pur hollandais (appellation des têtes brunes à tache blanche et partie arrière brune), mais il est bien mignon tout de même. Les taches existent dans toutes les couleurs, mais toutes ne sont pas répertoriées au standard de la race.

Noir et blanc

Le hasard a donné à ce cochon d'Inde à poil lisse bicolore un motif très élégant aux joues noires.

Cobaye satin

Ce cochon d'Inde satin roux possède un poil fin et luisant. Il doit son éclat spécifique à ses poils creux à travers lesquels la lumière prend des reflets changeants.

Cobaye satin

Malheureusement, cette race présente souvent un comportement craintif et son élevage nécessite d'immenses précautions.

Cobaye rex

Ils comptent parmi les cochons d'Inde les plus appréciés. Leur pelage est légèrement frisé sans poils de couverture. Les poils s'écartent du corps, comme hérissés. Même les poils tactiles du museau sont parfois ondulés. Les poils sont légèrement plus fins et plus courts sur le ventre.

Cobaye rosette

Cette race est caractérisée par ses poils épais longs de 3,5 cm et les huit à douze épis répartis sur tout le corps.

Cobaye rosette tricolore

Les cochons d'Inde rosettes tricolores sont très appréciés. Le sujet ci-dessus et celui de droite présentent tous les deux un mélange coloré de poils blancs, noirs et bruns. Le pelage de cette race est rêche et vigoureux au toucher, les épis donnent un air espiègle aux animaux.

Crème

Les cochons d'Inde rosettes ne sont pas faciles à élever. Ce petit ébouriffé est une mignonne variante crème à grandes oreilles dressées.

Tacheté

Selon le standard, les rosettes doivent être réparties régulièrement sur le corps de l'animal : quatre sur le tronc, deux à l'arrière-main et deux sur les hanches.

Sheltie

Ci-contre, un joli sujet gris sombre. Les shelties n'ont pas de rosettes, leur poil soyeux retombe par-derrière et sur les côtés, mais est court sur le visage. Cette race est une variante des péruviens.

Péruvien

Les races à poil long souffrent beaucoup en été et doivent impérativement disposer d'ombre.

Cobaye angora

Ce cochon d'Inde angora roux et blanc se remarque à son toupet effronté. Les angoras ont des poils longs comme les péruviens mais un nombre de rosettes indéterminé.

Péruvien

Ils ont le poil long, deux rosettes sur l'arrière-train et une sur la tête, une raie médiane et souvent une queue-de-cheval souple et soyeuse.

Cobayes texels

Cette race porte de petites boucles, ses longs poils ondulés sont divisés par une raie médiane et retombent de chaque côté comme une traîne. Ceux du visage sont courts. La race a été créée dans les années 1980 à partir de cochons d'Inde shelties et rex. Le texel possède les longs poils sans épis des shelties et le pelage frisé des rex, une splendeur qui nécessite des soins tout particuliers !

Couronnés américains

Ces deux couronnés américains brun et crème se reconnaissent à leur couronne blanche, aussi appelée crête.

Couronné anglais

Chez cette race à poil lisse, la couronne n'est pas blanche, mais de la même couleur que le reste du pelage. Ci-dessus, une jolie variante tricolore à crête rousse.

2.

La vie rêvée du cochon d'Inde

Aucun doute possible, la compagnie d'autres cochons d'Inde reste l'essentiel. Mais un chez-soi spacieux et des possibilités de sorties et d'activités multiples font eux aussi beaucoup pour le bien-être des petits rongeurs.

Pour qu'il se sente bien

Il est facile de se mettre à la place de son cochon d'Inde lorsqu'il s'agit du logis. En effet, qui aimerait habiter un foyer inconfortable ? Personne, sans doute, c'est pourquoi il est si important de procurer à ses cochons d'Inde un séjour agréable.

LE BIEN-ÊTRE des cochons d'Inde dépend naturellement de nombreux facteurs, parmi lesquels notamment la taille du logis et son aménagement. Rien de bien différent, en fin de compte, des hommes. Il existe cependant une différence essentielle : les cochons d'Inde ne sont pas aussi individualistes que les hommes. Sinon, certaines normes de logement doivent être respectées pour qu'ils se sentent bien, mais on trouve aujourd'hui de nombreuses recommandations pratiques à cet effet qui ont fait l'objet de tests et d'études scientifiques.

L'emplacement du logis

Ombre et lumière. Chercher un endroit disposant à la fois d'ombre et de soleil, une partie de la cage restant toujours à l'ombre pour permettre aux animaux de choisir librement où se tenir. Attention, les cochons d'Inde ne supportent pas l'ensoleillement trop intense ni les trop fortes chaleurs, qui peuvent leur être fatals (→ Le coup de chaleur, page 92). Éviter par conséquent les rebords de fenêtres pour la cage.

Calme. Placer la cage à un endroit calme et clair, sans courants d'air. Si les bruits de fond habituels ne dérangent pas les cochons d'Inde, les sons à haute fréquence leur inspirent une peur panique et plus d'un s'est déjà blessé grièvement lors d'une fuite éperdue.

Hauteur. À chacun de choisir si la cage doit rester sur le sol ou être posée sur une petite table, la deuxième solution présente cependant l'avantage de pouvoir observer les cochons d'Inde au niveau des yeux et de leur éviter d'être dérangés par d'autres animaux domestiques (le museau d'un chien peut facilement paraître effrayant dans une cage). On a vu des groupes de cochons d'Inde s'habituer à un berger allemand au point de le saluer d'un gloussement amical,

Une jolie maison et un ami – deux des facteurs qui contribuent au bonheur des cochons d'Inde sont ici réunis.

1 **La petite maison** qui sert de refuge ne doit manquer dans aucune cage de cochon d'Inde. Les plus adaptées sont celles en bois qui peuvent aussi être rongées.

2 **Le pont** pour entrer et sortir de la cage peut être acheté en animalerie. Il est souple pour faciliter la montée et la descente.

3 **Un peu de changement** fait toujours du bien aux cochons d'Inde. Les objets en plastique ne leur conviennent cependant pas, mieux vaut choisir des matières naturelles.

mais ces cas restent exceptionnels et sont plus à mettre au crédit du chien, sans doute dénué d'instinct de chasse.

Clarté. Les cochons d'Inde ne sont pas des noctambules comme les souris ou les rats, on l'a constaté en réalisant des enregistrements vidéo de deux petits groupes soumis à des conditions différentes pendant une semaine : le premier dans une vaste cage placée dans une pièce baignée de lumière et le deuxième sur un balcon de quatre mètres carrés où les animaux pouvaient se chercher à leur guise un endroit au chaud. Que font les cochons d'Inde pendant la nuit? Ils somnolent ou dorment la plupart du temps et, toutes les deux à trois heures, font un petit tour, mangent, boivent et se flairent l'un l'autre, rien de bien particulier donc. Jamais les jeunes sujets n'ont été observés en train de jouer pendant la nuit. Le jour au contraire, la vie reprend tous ses droits, et ce pour les deux groupes. L'hypothèse selon laquelle le groupe sur le balcon, qui voyait les étoiles et entendait les bruits nocturnes, serait plus actif la nuit n'a donc pas été confirmée. D'où la recommandation pour l'emplacement de la cage de choisir une pièce lumineuse éclairée par la lumière du jour et aux bonnes possibilités d'aération, car nos petits compagnons adorent l'air frais.

Températures. Elles doivent être tempérées car les cochons d'Inde sont du même avis que nous en ce qui concerne la chaleur : leur idéal se situe entre le pas trop froid et le pas trop chaud, de préférence entre 15 et 20 °C. Ils supportent facilement les petites variations de températures, en revanche, les courants d'air sont à éviter absolument!

Déménagement. La proposition qui suit fera d'abord secouer la tête aux fans de cochons d'Inde les plus avertis mais, si possible, changer de temps en temps la cage de place dans la pièce, ou même changer la cage de pièce. Pourquoi? La monotonie et l'ennui sont un véritable poison, pour les cochons d'Inde comme pour nous, et la vue d'un environnement nouveau depuis la sécurité de la cage enrichit leur vision du monde. Les animaux arrachés à leur train-train quotidien développent par la suite beaucoup plus de curiosité et d'attention; rien d'étonnant quand on pense à l'existence qu'ils mènent en liberté dans la nature, sans la moindre uniformité, mais où chaque jour apporte sa part de nouveauté.

Un chez-soi confortable

Mieux vaut toujours plus grand, telle est la devise des cochons d'Inde. Malheureusement, cette demande est limitée, pour des raisons financières et généralement aussi par l'espace disponible. Avec un peu d'astuce cependant, les cochons d'Inde peuvent se satisfaire de moins.

Taille minimale : Pour deux cochons d'Inde, les dimensions de la cage ne doivent pas être inférieures à 120 cm de long, 80 cm de large et 45 cm de haut. En effet, la cage est le centre de leur monde et plus qu'un refuge, elle leur est un véritable foyer où se sentir bien et vivre des aventures.

Pour les cochons d'Inde sauvages, la recherche de nourriture est un travail fatiguant qui maintient en forme physique et intellectuelle les turbulents petits rongeurs. Leurs cousins en cage, eux, n'ont pas de souci à se faire pour leur pain quotidien et sont nombreux par conséquent à devenir paresseux, gras et indolents, un problème qui peut être résolu par une cage et des aménagements appropriés.

La cage idéale

Les cages du commerce sont composées d'une cuve de fond surmontée d'un châssis en grillage. Ce type de construction a fait ses preuves car il est facile à manipuler et à nettoyer.

Grillage : Choisir de préférence des barreaux horizontaux, galvanisés ou chromés mat : les animaux peuvent s'y appuyer avec les pattes avant pour explorer du regard le monde qui les entoure. Les barreaux enrobés de plastique sont en revanche déconseillés car les cochons d'Inde risquent de les ronger. Veiller à ce que la hauteur de la cuve ne dépasse pas 16 cm car sinon, les animaux se sentiront coupés du monde et deviendront totalement léthargiques. Les jardins zoologiques ont persisté longtemps dans cette absurdité : pour éviter les grillages peu esthétiques, on a refoulé les animaux au fond de fosses, sans se soucier du tort immense qui leur était fait. Les cochons d'Inde domestiques méritent un sort meilleur et de voir ce qui les entoure.

ASTUCE

L'indispensable abri !

Les cochons d'Inde possèdent un instinct de fuite et se sauvent devant leurs ennemis plutôt que de se défendre. Pour cette raison, la cage ou l'enclos doit impérativement contenir un abri où se retirer, même si les animaux domestiques n'ont pas grand-chose à redouter (→ page 37).

Outre que cela stimule leur curiosité, cela les protège aussi des surprises et leur évite le stress, toujours funeste, et la panique. Sans compter que les cuves en plastique trop hautes favorisent l'accumulation de chaleur et le développement des mauvaises odeurs.

Deux cages : Deux cages reliées l'une à l'autre valent toujours mieux qu'une. Les deux cages, par exemple en utilisant un pont souple pour aider à la montée (→ photo page 34).

Cage à étages : Depuis quelque temps, on trouve dans les animaleries des cages à étages pour cochons d'Inde.

Elles offrent une plus grande liberté de mouvement aux animaux, car la surface en est multipliée par deux ou trois selon le nombre d'étages.

Leurs habitants peuvent y monter et descendre sur des rampes et se divertir à

LE SAVEZ-VOUS ?

Les cochons d'Inde mènent une vie très simple

Les cousins sauvages de nos cochons d'Inde domestiques n'ont pas une vie aussi confortable avec une petite maison pour se protéger. Leur demeure est plutôt spartiate. Les femelles adoptent sur leur territoire certaines touffes de plantes ou refuges pour y élever et défendre leurs petits. Il s'agit le plus souvent de petits creux dans le sol où les petits se cachent des ennemis, sans aucune protection du vent ou de la pluie. Les cochons d'Inde diffèrent en cela de la plupart des autres rongeurs qui aménagement savamment des terriers pour leur progéniture ; ils n'y sont pas tenus car les petits ont déjà quasiment achevé leur développement à la naissance. Depuis le refuge, les cochons d'Inde partent chercher de la nourriture dans un rayon de un à quatre mètres, une stratégie qui a fait ses preuves car les petits animaux sont un véritable fléau très chassé dans certaines régions d'Amérique du Sud.

cochons d'Inde y disposent d'une plus grande surface où se déplacer et le douloureux problème des griffes trop longues se trouve résolu d'un seul coup. Il suffit pour cela de remplir une cage de copeaux de bois tendre en guise de litière (→ page 38) et l'autre de terreau pour jardins mêlé de cailloux : un sol sur lequel les griffes s'usent bien. Relier les tous les étages. Veiller cependant à choisir une cage et des équipements de bonne qualité, les rampes en grillages ou plastique ne sont pas très adaptées aux pieds sensibles des cochons d'Inde. Les forums Internet ou les sites Web consacrés aux cochons d'Inde proposent souvent d'excellents conseils pour construire soi-même de telles cages ou d'autres abris conçus avec amour et adaptés aux besoins des animaux (→ Adresses utiles, page 141).

Aquarium et terrarium ?

S'il est heureusement rare de voir des cochons d'Inde élevés en aquarium ou terrarium, cela arrive néanmoins et vaut donc la peine d'être mentionné.

Le seul point positif d'un tel élevage est le contact visuel de l'animal avec son environnement.

Dans un aquarium ou un terrarium, l'air stagne et ne circule pas, ou mal, ce qui nuit aux rongeurs. En effet les cochons d'Inde, comme de nombreux animaux, dégagent avec leur urine le gaz toxique ammoniac au « parfum » bien connu (l'odeur âcre qui envahit les étables mal nettoyées ou les toilettes sales). Par ailleurs, les aquariums et terrariums sont très compliqués à nettoyer et il est difficile d'y accrocher des râteliers à foin ou des abreuvoirs.

Un aquarium est fait pour des poissons, pas pour des cochons d'Inde.

L'aménagement de la cage

Les hommes ne se sentent bien dans leurs quatre murs que lorsqu'ils les ont aménagés à leur goût.

Bien sûr, ces goûts dépendent de chacun et de son environnement culturel, mais tous ont en commun quelques besoins élémentaires. Il en va de même des cochons d'Inde.

L'abri : Il est très important pour les cochons d'Inde. En tant qu'animaux grégaires, ils recherchent le contact étroit avec leurs congénères.

Par conséquent, la petite maison-abri doit proposer de la place à tous.

On peut aussi placer une deuxième maisonnette dans la cage au cas où l'un de ses petits protégés n'aurait pas envie de compagnie.

Mon groupe de trois cochons d'Inde change souvent, ils dorment parfois paisiblement tous les trois dans la même maison, tandis qu'à d'autres jours, le mâle s'isole pour dormir seul dans le « studio » ou l'une des femelles opte pour la solitude.

J'ai toujours brûlé de découvrir les motifs qui les poussent à agir ainsi, mais des études de plusieurs semaines n'ont donné aucun résultat, ni les disputes, ni la gestation ne donnent spécialement lieu à un déménagement.

Quoi qu'il en soit, mieux vaut choisir des maisons en bois plutôt qu'en plastique, même si ces dernières sont plus faciles à nettoyer : le bois convient parfaitement aux soins dentaires, si importants chez les cochons d'Inde, même si

La nouvelle maison est aussitôt soumise à un test de confort.

une maisonnette en bois ne résiste jamais longtemps aux dents des petits rongeurs.

Les maisons trop rongées doivent être remplacées (→ Astuce page 35).

Attention : Les pièces de plastique rongées et avalées peuvent nuire à la santé des animaux.

Les mangeoires : En choisir en porcelaine ou en terre qui ne risquent pas de se renverser pour éviter que le repas des animaux ne finisse dans leur litière. Deux mangeoires suffisent en général, l'une pour les mélanges alimentaires, l'autre pour les aliments verts et succulents (→ à partir de la page 64).

Les abreuvoirs : Le récipient distributeur d'eau est en verre ou en plastique, accroché aux barreaux de la cage où il prend peu de place et garde l'eau propre. Pas d'inquiétude, même les jeunes animaux apprennent vite à boire au biberon.

Pour accélérer le processus, un petit truc : humecter le tube pour que le bébé le lèche et pousse sans le vouloir la bille qui ferme le biberon.

Il comprendra aussitôt la marche à suivre pour atteindre l'eau.

Le râtelier à foin : La portion quotidienne de foin doit être placée dans un râtelier, et non posée sur le sol de la cage. Les râteliers en plastique fermés de tous les côtés sauf en haut sont le plus pratique, ils sont accrochés à l'extérieur de la cage et les cochons d'Inde peuvent en tirer des brins de foin depuis l'intérieur. Ils ne prennent pas de place dans la cage et le foin ne tombe pas à côté.

La litière : J'utilise comme litière au fond de la cage une couche de 10 à 15 cm de copeaux de bois tendre achetés en animalerie.

Quelques accessoires malins

Avec un peu d'astuce et de fantaisie, il est très facile d'améliorer l'aménagement de la cage.

Les cloisons : Les cloisons représentent le nec plus ultra du logis de cochon d'Inde confortable et intéressant, elles sont mobiles et de préférence en bois. Leur déplacement permet de changer très facilement l'aménagement d'une cage afin de piquer la curiosité et l'envie de mouvement de ses habitants. Par ailleurs, les cloisons permettent aussi

Les petites maisons d'herbes tressées procurent un amusement à ronger et quand on est fatigué d'avoir trop joué, on peut même y faire un petit somme !

aux animaux de rang inférieur de se cacher par-derrière pour échapper au champ visuel du chef de groupe.

Le vert : Certaines préférences des cochons d'Inde font sourire. Madame le professeur Bilsing et son équipe ont ainsi constaté que les petits animaux avaient une faiblesse pour la couleur vert. Ils apprécient aussi d'autres couleurs, mais aucune autant que le vert. Par ailleurs, de grandes surfaces claires, comme du carrelage blanc, sont source de stress, tandis qu'ils se sentent visiblement mieux sur un support sombre. Cela s'explique, puisque dans la nature, les cochons d'Inde courent et sautent sur l'herbe verte ou la terre brune, un caractère ancestral qui perce encore chez les animaux domestiqués.

Hors de la cage : les sorties

Il nous reste beaucoup à apprendre sur la vie des cousins sauvages de nos cochons d'Inde dans la nature, mais une chose est sûre : il leur faut beaucoup de mouvement pour survivre.

La recherche quotidienne de nourriture et la fuite devant les prédateurs sont incompatibles avec un flegme trop poussé.

Nos petits protégés eux aussi ont besoin de mouvement, un besoin ancré dans leurs gènes. Aucune cage, aussi grande soit-elle, ne peut répondre à ce besoin, d'où l'importance des sorties dans la pièce ou, mieux encore, dans le jardin ou sur le balcon (→ à partir de la page 42). Deux heures de liberté par jour sont un minimum (→ Risques potentiels, page 103).

CHECK-LIST

Plan bien-être

Quelques conditions importantes à respecter pour que vos cochons d'Inde se sentent bien.

- ○ Deux abris-dortoirs valent mieux qu'un, l'un des deux plus grand pour que tous les cochons d'Inde puissent s'y blottir.
- ○ Séparer la cage en plusieurs parties par des cloisons donne aux animaux de rang inférieur la possibilité de se retirer de temps en temps (→ page 38).
- ○ L'important n'est pas la quantité des jouets, mais qu'ils soient souvent renouvelés pour apporter toujours quelque chose de nouveau.
- ○ Les friandises à ronger pour s'user les dents sont indispensables (→ page 75).

Pour ne pas mettre toute la pièce à la disposition des cochons d'Inde et les savoir en sécurité, on peut agrandir la cage avec un espace délimité par des éléments préfabriqués.

Cela permet de laisser en toute confiance ses petits compagnons seuls dans la pièce sans surveillance. On trouve à cet effet dans les animaleries des clôtures à assembler faciles à monter ou des éléments en pièces détachées (→ photo page 40).

Les tailles en sont très variables mais là aussi, mieux vaut toujours plus grand. Pour faciliter la sortie des cochons d'Inde, poser une brique à l'intérieur de

Un enclos tout autour de la cage permet une grande liberté de mouvement.

la cage devant la porte ouverte, un petit pont de bois souple enjambant la porte leur permettra de sortir et de rentrer facilement dans la cage (→ photo page 34) pour qu'ils aient le choix de partir à la découverte ou de rester à la maison. Il suffit en général d'un sujet plus hardi pour voir les autres suivre rapidement, la curiosité est contagieuse.

La protection du sol : Un petit problème subsiste cependant : sur quel support laisser les cochons d'Inde courir pour éviter qu'ils ne souillent le sol de la pièce ?

Ils n'apprécient pas le carrelage, trop lisse, trop froid et qui peut nuire à leur santé. Pourtant, le sol doit être protégé des déjections et il est difficile d'apprendre aux cochons d'Inde à utiliser des toilettes comme les chats (personnellement, je n'y suis jamais arrivé).

La raison en est sans doute le fonctionnement du système digestif chez les herbivores, très différent de celui des carnivores ou omnivores (on n'a jamais vu une vache propre, encore moins un cheval, mais des lions et des tigres si).

Une possibilité consiste à poser sur le sol une épaisse feuille plastique (comme celles qu'on pose au fond des étangs) recouverte d'une couche de papier journal qui absorbera les infiltrations d'urine, puis d'une natte de paille de riz, de roseaux ou de maïs agréable à ronger (dans les grands magasins de bricolage). La troisième couche peut être éventuellement remplacée par des restes de moquette épaisse (sans nœuds).

L'aménagement de l'enclos : Le mobilier de l'espace de sortie peut être composé de tubes en carton, cartons à chaussures percés de trous pour y rentrer et en sortir, tubes de liège, sisal ou bois, planches ou branches à ronger et petits obstacles à sauter.

L'aménagement peut être facilement modifié, ce qui permet de proposer à ses protégés des jeux toujours nouveaux et passionnants.

On trouvera d'autres suggestions d'activité au chapitre 6, à partir de la page 96.

Conseil : Ne jamais surcharger d'objets la cage et l'enclos. Les animaux doivent avoir la possibilité de parcourir de petites distances sans toujours trébucher sur quelque chose de nouveau.

D'un seul coup d'œil : équipement de base

Aménagement

Le mobilier a aussi son importance pour le bien-être des cochons d'Inde. Veiller à l'acheter adapté aux animaux : c'est à eux qu'il doit plaire, pas à leur maître.

Mangeoire

Elle permet d'éviter que les aliments verts ne tombent dans la litière. Mobile, elle présente l'avantage de pouvoir être placée au choix dans la cage ou dans l'enclos.

Abri-dortoir

Les maisonnettes à toit plat conviennent bien aux cochons d'Inde qui peuvent s'y jucher pour en admirer la vue ou éviter leurs congénères. La plupart des abris n'ont pas de sol, ce qui n'a rien de gênant.

Abreuvoirs-biberons

Après quelques tentatives, les cochons d'Inde apprennent rapidement à boire à ces biberons. Par rapport aux écuelles, ils ont l'avantage de garder l'eau propre et la litière sèche.

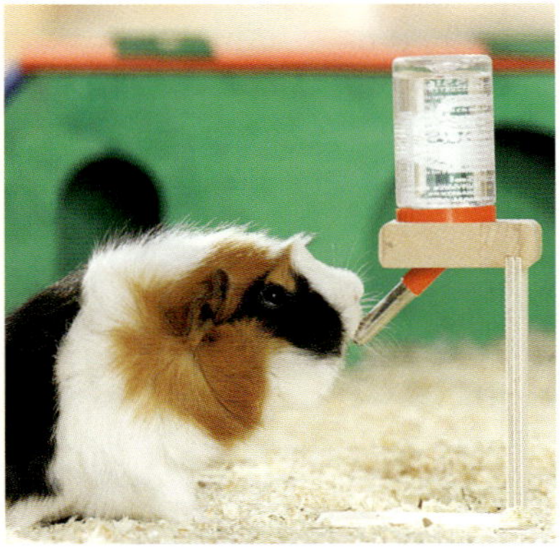

Écuelles

Les écuelles en grès sont difficiles à renverser et faciles à nettoyer. Elles conviennent particulièrement aux mélanges alimentaires préparés et les animaux aiment y manger à plusieurs.

Enclos et balcon

Les sorties en liberté sont pour les cochons d'Inde l'équivalent de nos vacances à la mer ou à la montagne : de l'air frais, un changement de climat, de l'activité et de multiples stimulations pour les sens. C'est donc sans hésitation qu'il faut sortir, partir en vacances dans la nature...

SI VOUS DISPOSEZ d'un jardin ou d'un balcon, pas d'hésitation, offrez à vos petits chéris une oasis de grand air.

La confrontation à un nouveau milieu aussi enchanteur rendra les animaux plus sûrs d'eux et moins craintifs.

Ils seront alors d'autant plus en mesure de développer une relation solide avec leur maître, qui aura quant à lui le plaisir de voir ses cochons d'Inde témoigner leur joie de le voir arriver dans le jardin ou sur le balcon et accourir vers lui.

Les bienfaits du bon air !

Un jardin est idéal car les cochons d'Inde y sont exposés à l'air frais et aux intempéries, ce qui renforce leurs défenses immunitaires, les protège des maladies et prévient les problèmes de poids : les cochons d'Inde aussi ont parfois besoin d'un parcours de santé pour se fortifier les muscles et se sentir mieux.

L'effet tonique des sorties n'est cependant pas uniquement physique, mais aussi psychologique : les animaux en liberté se trouvent confrontés à de multiples stimulations et sensations toujours nouvelles qui excitent leur curiosité et préviennent tout ennui, de sorte que ceux qui peuvent mener ce type d'existence gardent une intelligence vive et alerte. Et pas d'inquiétude, les rongeurs s'accommodent sans problème du soleil, de la pluie ou des brises légères, ils ont uniquement du mal à supporter les grosses chaleurs. Aucun doute non plus, les cochons d'Inde aussi apprécient la nouveauté dans l'enclos, au jardin ou à l'intérieur.

Quelques précautions s'imposent cependant, car ce sont des grands sensibles très sujets au stress. Pour cela, rien ne vaut un mélange de nouveauté et d'habituel : les cochons d'Inde en liberté ont besoin de points de repères familiers, comme leur petite maison ou une cloison imprégnée de leur odeur.

Les changements climatiques

Si les cochons d'Inde sont capables de s'adapter et peuvent être habitués à différentes températures, un certain entraînement leur est néanmoins nécessaire. Ainsi, un animal qui vit surtout en appartement devra être habitué progressivement à l'air plus frais du dehors, au sol plus froid, au vent ou aux averses, il risquerait sinon trop de prendre froid. Les sorties commencent aux premiers beaux jours du printemps et se terminent en automne lorsque le temps devient froid et humide.

Aventure au jardin : on peut s'y retrouver soudainement nez à nez avec un animal aussi étrange que cet escargot.

La première a lieu par beau temps lorsque la température a atteint 12 °C environ.

Au début de la saison, ne laisser les animaux que deux à trois heures à l'extérieur dans un enclos mobile et les surveiller attentivement.

Le mobilier de l'enclos sera d'abord réduit à l'abri habituel de la cage et une cabane grande et spacieuse résistant aux intempéries où tous les cochons d'Inde peuvent fuir en cas de danger et trouver refuge pour échapper à la pluie, à la chaleur ou au vent (→ Cabane, page 44). Dès que les cochons d'Inde commencent à se tenir souvent dans la cabane, on peut retirer l'abri et, lorsqu'ils ont adopté leur nouveau foyer, on peut prolonger les séjours à l'extérieur des deux à trois heures du début à cinq à six heures par jour en étant certain qu'ils surmonteront désormais les caprices de la météo et seront conscients de l'abri que leur procure la cabane. Le soir, on peut rentrer les animaux, pour des raisons de sécurité et aussi pour passer un moment avec eux, les caresser et reprendre contact.

L'enclos mobile

L'avantage d'un enclos mobile est évident : il peut être déplacé et monté à différents endroits pour permettre aux animaux de disposer d'un sol toujours frais, et non imprégné de leur urine, et de nouveaux points de vue.

On trouve dans le commerce des enclos pliants ou composés d'éléments déjà montés qui conviennent parfaitement pour un séjour extérieur de quelques heures. Ces enclos sont cependant à réserver aux jardins protégés des chiens et des chats où il est possible de surveiller les cochons d'Inde depuis la maison. En effet, si le filet qui les recouvre constitue une protection contre les oiseaux de proie, il ne résiste pas aux assauts d'animaux plus lourds. Les animaleries vendent aussi des enclos plus stables en grillage solide dont les parois et le toit grillagés forment une unité avec l'abri (la cabane) : les cochons d'Inde y sont en sécurité. Le seul inconvénient est la taille souvent réduite de ces enclos qui n'excèdent généralement pas 2 m de long pour 50 cm de large.

L'enclos doit être **aussi grand que possible** pour représenter une amélioration par rapport à la cage.

Du printemps à l'automne, la vie est belle en enclos.

Deux animaux peuvent y trouver place à condition qu'ils bénéficient aussi de sorties régulières. C'est une bonne solution pour les petits jardins ou pour tous ceux qui ne souhaitent pas construire eux-mêmes un enclos.

Comment construire soi-même un enclos

Un enclos construit maison peut être conçu en fonction des possibilités de chacun.

Taille : Il est impossible de fournir une valeur indicative, car la taille dépend de la surface du jardin. On peut simplement dire que l'enclos doit toujours être le plus grand possible. Mon petit groupe de cochons d'Inde dispose de 2 x 1,5 m.

Construction : Pour construire l'enclos, il faut des lattes de toit et du grillage. Les mailles du grillage ne doivent pas être trop grosses pour que les cochons d'Inde ne puissent pas se faufiler à travers, ni les martres, rats et autres petits prédateurs. Les éléments du cadre doivent être hauts de 30 à 40 cm. Le grillage est tendu sur un cadre de bois dont les côtés sont fixés les uns aux autres par des vis à ailettes pour un montage et un démontage faciles.

Comme toit, on peut construire un autre cadre solide en bois tendu d'un grillage à mailles fines un peu plus épais que celui des côtés, fixer deux charnières d'un côté et un ou deux verrous de l'autre côté afin d'ouvrir facilement l'enclos comme le couvercle d'une malle.

Cabane : Mes cochons d'Inde disposent d'une petite villa construite par un menuisier, mais avec un peu d'habileté, on peut aussi bâtir soi-même une cabane. Pour deux à trois animaux, une superficie de 40 x 40 cm et une hauteur de 30 cm suffisent.

LES OBJETS INDISPENSABLES DE L'ENCLOS

OBJETS IMPORTANTS POUR L'EXTÉRIEUR

Cabane :	En bois massif avec assez de place pour tous les cochons d'Inde et garnie de la litière habituelle.	Protège du soleil, de la pluie, du vent et du froid.
Coin repas :	De préférence surélevé pour éviter que les aliments ne soient souillés.	Servir les aliments secs et succulents sur une pierre plate.
Activité :	Tronc d'arbre creux ou tubes de liège pour ramper et grimper.	Ne pas trop remplir l'enclos, les cochons d'Inde doivent aussi avoir la place de courir.
Sécurité :	Toit solide fait d'un cadre de bois et de grillage.	Assurer également le sol dans les enclos fixes (→ page 46).

Le sol de la cabane est en lourd bois massif et, pour qu'il ne soit pas directement posé par terre, des pilotis hauts de 3 cm sont cloués sous le plancher aux quatre coins; une élévation qui permet de protéger la cabane des intempéries et les animaux d'un sol trop froid. Sur le plancher, aux quatre coins, visser des blocs de bois hauts de 5 cm.

Ils serviront à maintenir la maison proprement dite qui est enfoncée par-dessus et peut ainsi être séparée du plancher. Les murs et le toit de la maison sont en bois massif de 2 à 3 cm d'épaisseur, le toit est légèrement incliné pour permettre un bon écoulement de l'eau.

Le trou d'entrée est large de 10 cm env. et haut de 12 cm. L'ensemble de la construction doit être assez lourd pour éviter les déperditions de chaleur et protéger les cochons d'Inde de leurs ennemis supposés (chats). Pour une vraie forteresse, on peut encore placer de lourdes pierres sur le toit. Les murs extérieurs et le toit sont peints avec une peinture non toxique et hydrofuge.

Une planche épaisse de 1 cm est posée devant l'entrée pour faciliter la montée aux animaux et le sol est recouvert d'une épaisse couche de leur litière habituelle. Le nettoyage dépend du degré de saleté mais est facilité par la construction en éléments amovibles.

Aménagement de l'enclos : Il correspond pour l'essentiel à celui des sorties à l'intérieur (→ page 40). Le coin repas doit

Dans l'enclos

1 **Ce jouet en bois** ne sert pas seulement à faire de la gymnastique, il peut aussi être rongé sans soucis, pour faire du bien au corps et aux dents.

2 **Cet enclos mobile** composé de plusieurs éléments grillagés ne convient que si les animaux restent à portée de vue.

3 **Une oasis de fraîcheur** sur le balcon. En montant l'enclos, veiller à ce qu'il ne risque pas de tomber.

être couvert pour éviter de mouiller les aliments, pour cela, poser une planche par-dessus, sur le toit grillagé de l'enclos. Pour éviter aux aliments d'être souillés, on peut poser la mangeoire sur une pierre plate, les aliments verts peuvent eux aussi être servis sur une pierre plate et les biberons accrochés au grillage de l'enclos.

En guise de mobilier, les branches à grimper et les troncs creux à traverser en rampant ont toujours donné de bons résultats. Ne pas trop encombrer l'enclos car c'est le lieu où les animaux ont la possibilité de se trouver en contact avec la nature et elle leur offre suffisamment de plaisirs variés.

Emplacement de l'enclos : Le mieux est de choisir un endroit à moitié au soleil et à moitié à l'ombre. Sinon, on peut créer un ombrage artificiel en posant une planche sur une partie du toit, ou le tendre d'une bâche ou d'une toile.

L'ombre est importante car les petits rongeurs sont très sujets aux coups de chaleur (→ page 92). La toile ou la planche leur permet aussi de se mettre à l'abri de la pluie. Si l'emplacement choisi est venteux ou traversé de courants d'air, mieux vaut clouer, ou plutôt visser, une feuille plastique aux côtés du cadre en bois : les courants d'air sont fatals aux cochons d'Inde. Enfin, une autre évidence qu'on oublie facilement, veiller qu'aucune plante toxique ne pousse à l'endroit choisi (→ page 75).

Conseil : Veiller à dresser l'enclos sur un sol parfaitement plat de manière à bien clore l'espace en bas sans aucun trou permettant aux cochons d'Inde de passer. Pour plus de sûreté, on peut aussi fixer les cadres en bois avec des sardines de tente.

L'enclos fixe

Élever des cochons d'Inde toute l'année à l'extérieur est une entreprise complexe qui nécessite beaucoup de travail. Tout d'abord, il faut régler le problème de la température : les cochons d'Inde préfèrent les climats chauds (→ page 34), et, sans vouloir contester les rapports attestant qu'ils peuvent s'adapter

à des températures négatives jusqu'à –10 °C, on ignore comment ils se sentent dans ce cas. Aussi, si vous avez malgré tout la ferme intention d'élever vos cochons d'Inde toute l'année à l'extérieur, il est indispensable de leur fournir un logement chaud pour l'hiver, les animaux pouvant sortir à leur guise par une chatière.

Cet abri doit être nettoyé souvent car la litière et la paille humides ne réchauffent pas. L'idéal est de placer une partie de l'enclos et de l'abri sous le toit de la maison et inaccessible à la pluie et à la neige, on peut alors y accrocher une lampe chauffante qui y garantit une température plus agréable. On trouve des lampes chauffantes pour étables dans les magasins d'électricité. La construction d'un enclos fixe est la même que celle d'un enclos mobile, mais en plus stable. Il faut également en empêcher l'accès aux martres, renards et chats pendant la nuit et, pour cela, le sol est l'une des principales difficultés : la nourriture des cochons d'Inde attire les autres animaux souvent plus vite qu'on ne le pense.

Une solution consiste à couvrir le sol de l'enclos de pierres plates ou de grillage à fines mailles, puis d'une épaisse couche de terre par-dessus.

Conseil : L'élevage en plein air suppose que les cochons d'Inde vivent en groupe afin qu'ils puissent se réchauffer mutuellement, il ne convient pas aux animaux de race à poils longs.

ASTUCE

Éviter les étrangers !

Ne jamais placer des cochons d'Inde étrangers, par exemple ceux d'un voisin, dans l'enclos de ses animaux. Cela remettrait en question l'ordre hiérarchique dans le groupe et pourrait donner lieu à des chamailleries ou à des bagarres. Même lorsque tout paraît tranquille, le combat se déchaîne à l'intérieur et les hormones de stress augmentent.

Quelles sont les préférences de mes cochons d'Inde ?

Testez les espaces dans lesquels vos cochons d'Inde se sentent le mieux, sont le plus actifs et le plus curieux. Constate-t-on des différences entre les individus ? Le chef donne-t-il le ton avant de partir en reconnaissance ?

Début du test :

Aménager un terrain de sortie sans aucun mobilier, avec uniquement un tapis de sol et une clôture, y placer les animaux deux jours de suite pendant deux heures. Noter ce qu'ils font, par exemple pendant combien de temps ils parcourent l'enclos ou dorment. Émettent-ils des sons ? Où se tiennent-ils ? etc. Le troisième jour, aménager l'enclos avec des jeux, des cloisons et des couloirs. Observe-t-on un changement dans le comportement des animaux ?

Résultat du test :

La vie sur un balcon

On peut facilement monter un enclos intérieur (→ page 39) sur un balcon. À condition de respecter les mesures de précaution suivantes : boucher tous les orifices par lesquels un cochon d'Inde pourrait se faufiler et risquer de tomber ou de se blesser en les fermant avec du grillage ou des briques que les animaux ne pourront pas pousser ; veiller à ce qu'ils soient protégés de la pluie et du soleil et, pour leur éviter de se mouiller, ainsi qu'à leur assiette et à leur abri, tendre une bâche transparente au-dessus de l'enclos en cas de pluie, mais au-dessus de l'abri et du coin repas ; un filet au-dessus de l'enclos protégera ses habitants des oiseaux de proie ; éviter la pierre pour le sol, le recouvrir d'une natte de paille de maïs ou de roseaux. L'aménagement de l'enclos est le même que celle de l'espace de sortie à l'intérieur ou de l'enclos extérieur (→ pages 39 et 42).

◀ *Exercice de remise en forme au grand air : le cochon d'Inde doit se donner beaucoup de mal pour atteindre les feuilles, mais cela le maintient en bonne santé.*

La vie en clapier ?

Outre qu'ils sont trop petits, les clapiers à lapins sont trop froids en hiver ; lorsqu'on laisse des cochons d'Inde choisir les températures ambiantes, aucun n'opte pour celles inférieures à 10 °C.

Bienvenue à la maison

Vous vous êtes décidé pour au moins deux cochons d'Inde. Il s'agit maintenant de les aider à construire une relation de confiance avec vous dès le début.

Choix et achat du cochon d'Inde

Il suffit souvent de voir les adorables petits animaux à vendre dans leur cage pour être tenté de « s'en faire emballer » deux. Attention cependant, ces achats spontanés peuvent déboucher sur d'amères déceptions et mieux vaut préparer soigneusement l'arrivée de nouveaux compagnons à la maison.

LES COCHONS D'INDE VIVENT EN GROUPE et se lient facilement d'amitié, avec leurs congénères comme avec l'homme. Ils souffrent des changements trop fréquents de partenaire humain et, ce qui complique les choses, leur chagrin n'est pas aussi manifeste que, par exemple, celui des chats ou des chiens. Il est donc légitime de bien réfléchir avant de se lancer dans un élevage.

Les animaux causent du travail, certes, mais ils donnent beaucoup en retour, notamment aux enfants. Malheureusement, on voit encore trop souvent des maîtres perdre tout intérêt pour leurs petits compagnons quelques semaines après les avoir adoptés. La vie des animaux se transforme alors généralement en une véritable odyssée aux pires conséquences : on ne change pas simplement d'animal domestique comme on change de lave-linge.

Où trouver son cochon d'Inde ?

Il existe quatre possibilités de trouver le cochon d'Inde de son choix :

- chez un éleveur,
- dans une animalerie,
- chez des amis ou connaissances,
- dans un refuge pour animaux.

Chez un éleveur

S'il existe de bons éleveurs de cochons d'Inde, il en existe surtout beaucoup, dont on peut trouver les adresses sur Internet. Il est essentiel de connaître personnellement l'éleveur de son choix pour s'assurer que les animaux ne sont pas seulement une source de revenus pour lui, mais qu'il les aime réellement. Comment faire la distinction ? Il faut bien reconnaître que ce n'est pas simple,

Dans un nouveau chez-soi, tout doit être examiné de près.

mais ma longue expérience des éleveurs les plus divers m'a appris quelque chose de surprenant : le langage est plus révélateur qu'on ne le croirait de prime abord. Un éleveur qui parle avec mépris de ses animaux et les traite comme des objets ne mérite aucune confiance, on constate généralement qu'il en sait peu sur eux et ne les élève pas dans des conditions optimales. Un bon éleveur sait exactement quand sont nés ses petits et connaît des histoires toujours intéressantes sur les parents et leur progéniture, signe de son intérêt pour la personnalité de chaque cochon d'Inde. On reconnaît aussi son sens des responsabilités aux questions qu'il pose aux acheteurs potentiels : il ne voudra céder ses protégés qu'à des personnes responsables. Enfin, un bon éleveur refusera naturellement d'envoyer des cochons d'Inde par la poste.

CHECK-LIST

Premier bilan de santé

- ○ Les incisives sont toutes de la même longueur et bien développées.
- ○ Les molaires ne présentent aucune malposition visible.
- ○ La position des pattes est correcte, les griffes bien droites.
- ○ Le pelage est luisant, ferme et sans zones glabres.
- ○ Les yeux sont clairs, les paupières ne sont pas collées.
- ○ Les oreilles sont propres, le nez est rose et ne coule pas.
- ○ L'anus est propre et ne colle pas.

Dans une animalerie

Ne jamais se décider lors de la première visite dans un magasin d'animaux. Pourquoi ? Les cochons d'Inde ont leur rythme de vie, ils sont plus actifs ou plus somnolents selon l'heure de la journée – ce qui ne les différencie guère de l'homme ou d'autres animaux. Pour voir à quel point ils sont curieux ou sociables, il faut trouver le bon moment. Interroger le vendeur sur l'origine des animaux. S'ils ont fait un long voyage enfermés avec de nombreux congénères inconnus dans des cages minuscules, il n'est pas rare qu'ils soient encore sous le choc. Le traumatisme ne disparaîtra que lentement et les animaux resteront encore longtemps farouches.

Examiner les conditions d'élevage dans le magasin. Les cages doivent être spacieuses et propres, garnies d'une épaisse couche de litière pour petits animaux. Bien évidemment, les animaux doivent disposer d'eau et d'un râtelier à foin. Les branches, rameaux ou autres objets durs à ronger sont importants. Chaque cage doit être habitée par plusieurs cochons d'Inde (la compagnie des lapins nains peut aussi être tolérée, → page 21) et disposer de plusieurs cabanes selon le nombre d'animaux. Enfin, les très jeunes cochons d'Inde sont souvent très craintifs et gagnent leur refuge à la moindre intervention extérieure, un comportement de fuite inné chez eux.

Chez un particulier

Si des amis ou connaissances annoncent des naissances chez leurs compagnons à quatre pattes, c'est une occasion bienvenue de réaliser son rêve et d'adopter des cochons d'Inde, l'idéal de mon point de vue : l'éleveur et son attitude envers les animaux sont connus et il est possible de contrôler facilement les conditions d'élevage et d'observer les animaux en toute tranquillité avant de faire son choix. Les cochons d'Inde eux aussi y gagnent : ils ne changent qu'une fois de propriétaire et évitent tout stress inutile.

Dans un refuge pour animaux

Tous les responsables de refuges sont heureux de trouver une bonne place à leurs protégés, mais pas toujours simple pour les cochons d'Inde. Ce sont des animaux très sociables, mais aussi très sensibles, et le développement de leur personnalité dépend en grande partie des expériences qu'ils ont faites pendant leur enfance et des congénères avec lesquels ils vivent. En général, on ne connaît pas la biographie des animaux trouvés que l'on confie aux refuges. Ce qui présente un risque que seule une observation attentive peut réduire : si les cochons d'Inde sont apprivoisés et réagissent aux petites friandises qui leur sont tendues, ils devraient pouvoir être adoptés sans que des troubles du comportement ne soient à redouter. L'idéal est que le refuge propose des groupes déjà constitués de deux ou trois animaux.

Lequel choisir ?

Tous les animaux domestiques, ou presque, sont marqués par l'homme qui les a créés à son goût, mais pas toujours à leur avantage, car le souhait d'une apparence prétendument meilleure a aussi son prix. En effet, les modifications de l'enveloppe extérieure affectent d'autres caractéristiques héréditaires et les animaux trop dégénérés sont souvent moins robustes et ont une espérance de vie réduite. Ce type de manipulation reste cependant rare chez les cochons d'Inde dont seulement 10 % sont des animaux de race, contre 90 % de cochons d'Inde domestiques accoutumés depuis des siècles à la cohabitation avec l'homme. Choisir un animal de race est une simple question de goût. Je préfère personnellement les cochons d'Inde domestique normaux dont les poils ne sont pas exagérément longs. Les poils lisses ou normaux constituent le type de pelage le plus authentique et le plus facile d'entretien, tandis que les poils trop longs posent des problèmes d'hygiène ou, pire, gênent les mouvements de l'animal. Le comportement et l'état de santé de l'ani-

Veiller lors de l'achat à choisir des animaux attentifs et éveillés.

SPÉCIAL PARENTS

La bonne attitude

Notre fille de 7 ans, Maïa, va enfin recevoir les deux cochons d'Inde dont elle rêve pour son anniversaire. Que pouvons-nous faire pour l'amener à respecter dès le début les particularités de ses animaux, pour qu'elle les traite avec soin et s'épargne ainsi peut-être elle-même une éventuelle déception ?

C'EST UN BON SIGNE que les parents s'inquiètent du bien-être des animaux avant même l'achat et se demandent si leur enfant ne va pas au-devant d'une déception avec les compagnons de ses rêves. Au début, l'information détaillée prime sur la nature, les exigences et le traitement approprié de l'animal. Cela suppose naturellement que les parents eux-mêmes se soient suffisamment informés. Présenter les données recueillies de manière à intéresser l'enfant, sélectionner pour cela une ou deux particularités de la vie des cochons d'Inde, comme par exemple leur ouïe très développée (→ page 14), et faire comprendre à l'enfant le stress que leur cause un bruit trop important en allumant un court instant la chaîne hi-fi à plein volume.

Ne ménager aucune précaution

Une fois que les animaux sont arrivés à la maison, procéder comme suit : s'asseoir à 50 cm environ de la cage et observer avec l'enfant ce que font ses nouveaux petits compagnons. C'est à ce moment que chacun affiche ses particularités et sa personnalité. C'est aussi un bon moment pour leur donner à chacun un nom afin qu'ils cessent d'être juste des cochons d'Inde et deviennent des personnalités à part entière.

Les enfants souhaitent toujours caresser et câliner tout de suite leurs amis à fourrure. Ils doivent le faire, certes, mais en sachant quand et comment.

Respecter la phase d'acclimatation

Avant qu'un enfant ne se saisisse d'un cochon d'Inde et ne le sorte de la cage, l'animal doit avoir appris à lui faire confiance (→ page 59). Il doit notamment venir de lui-même lorsqu'on l'appelle doucement par son nom et l'attire avec une friandise. Cette phase est indispensable pour la familiarisation de l'animal. Sinon, il sera pris d'une panique instinctive s'il est agrippé sans prévenir et sorti de la cage à la main – les oiseaux de proie, les plus grands ennemis naturels des cochons d'Inde, procèdent de cette façon. On peut éviter cette terreur aux animaux en leur parlant, en entourant doucement leur cou d'une main et en poussant l'autre main sous les pattes arrière pour les soutenir (→ page 81). Ce n'est que lorsque l'enfant maîtrise parfaitement ce coup de main qu'il peut sortir un cochon d'Inde de la cage ou de l'enclos – il doit être introduit pas à pas et guidé dans le monde des cochons d'Inde.

mal restent le plus important. Pour s'en assurer, un petit test très révélateur : demander au vendeur de mettre la main dans la cage comme s'il voulait attraper un animal, si tous courent se réfugier dans les coins ou dans la cabane, c'est normal, après tout, le comportement de fuite est inné chez les cochons d'Inde. La curiosité doit cependant l'emporter sur la crainte au bout de quelques minutes et les animaux doivent sortir en reconnaissance pour voir ce qui se passe. Si l'un d'entre eux reste apathique dans un coin, il souffre probablement de troubles du comportement ou de la santé. Il est difficile de déterminer en magasin si un cochon d'Inde est en bonne santé et en forme (→ Check-list : Premier bilan de santé, page 52).

À quel âge acheter un cochon d'Inde ?

Pour les éleveurs débutants, mieux vaut choisir des animaux âgés de six à huit semaines, plus faciles à apprivoiser. Essayer d'acheter en même temps deux ou trois frères et sœurs, cela peut paraître un gros investissement mais présente de nombreux avantages car les animaux se connaissent et s'entendent bien, ils supporteront plus facilement un changement d'environnement et ne ressentiront pas de sentiment d'abandon ni de solitude. Ils seront par conséquent plus curieux et chercheront plus rapidement le contact. Offrir un foyer à des animaux plus âgés est très généreux mais n'a guère de sens sans un certain savoir-faire.

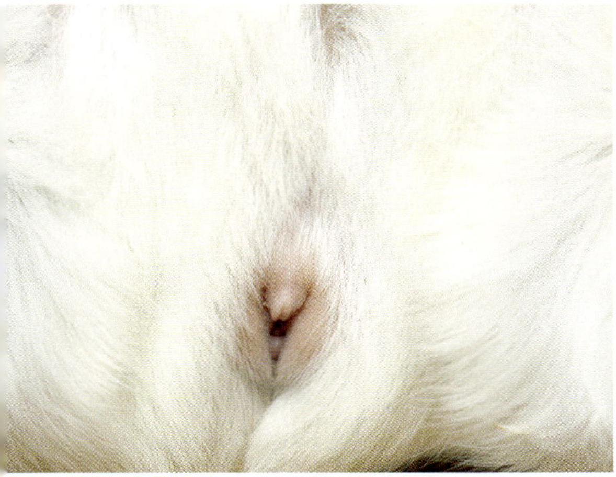

1 **Chez les jeunes** cochons d'Inde **femelles,** la région génitale forme un Y. L'écart entre l'anus et l'orifice génital est plus petit que chez les mâles.

2 **Pour reconnaître le sexe,** presser doucement le ventre de l'animal à proximité de l'anus. Le pénis ressort alors nettement chez les mâles. Les sexes sont facilement reconnaissables, même par des débutants.

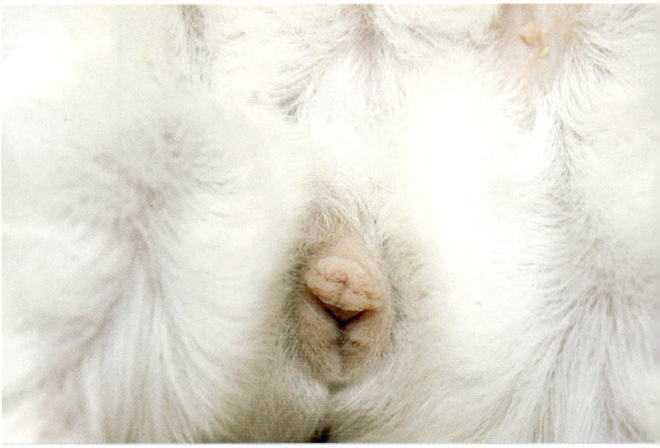

Acclimatation en douceur

Le changement d'environnement est source de stress pour tous les cochons d'Inde. C'est pourquoi il est important de leur faciliter la transition.
C'est alors qu'ils pourront reprendre confiance et être rapidement apprivoisés.

LORSQUE DES COCHONS D'INDE sont arrachés à leur environnement familier, ils sont d'abord envahis par le stress. C'est pourquoi il est important de les ménager le plus possible pendant le transfert vers leur nouveau foyer.

Le transport

Après l'achat, ramener directement le cochon d'Inde à la maison. Les transports trop longs effraient les animaux, même s'ils sont inévitables. Pour un long trajet en voiture, placer les cochons d'Inde dans une caisse en plastique spécialement prévue (→ photo page 82). Elles sont plus adaptées que les cartons proposés par de nombreux magasins, les animaux y sont libres de leurs mouvements et l'air y circule beaucoup mieux. Ces caisses de transport ne sont pas toujours bon marché mais elles peuvent servir plusieurs fois, par exemple pour amener l'animal chez le vétérinaire ou lors de petits voyages. Pendant le trajet en voiture, ne pas placer la caisse dans le coffre, mais sur un siège et la fixer éventuellement à l'aide d'une ceinture de sécurité. Une poignée de la vieille litière dans la caisse l'imprègne de l'odeur familière du magasin et donne aux animaux un sentiment de sécurité.

Une fois arrivé à la maison, placer la caisse dans la cage et l'ouvrir après avoir retiré tous les objets qui meublent la cage, à l'exception de la petite maison, de l'écuelle et des biberons.

Répandre une poignée de morceaux de carotte dans la cage en guise d'appât et, pour le reste, laisser ses habitants livrés à eux-mêmes. La curiosité finira par l'emporter et ils commenceront alors à explorer leur nouvelle demeure. Le premier obstacle vers l'acclimatation est franchi lorsqu'ils commencent à s'alimenter et à s'abreuver.

Un nouveau chez-soi

Les petits rongeurs restent d'abord quelques heures parfaitement tranquilles et apparemment insouciants dans la cage. Aucune mimique ni aucun comportement ne trahissent ce qui se passe en eux. En comparaison, les chats et les chiens se lisent à livre ouvert tant on devine d'emblée ce qu'ils ressentent. Pourtant, derrière l'apparence tranquille des cochons d'Inde se cachent de petits animaux particulièrement sensibles, que le moindre changement dans leurs conditions de vie et la moindre situation nouvelle peut stresser. L'arrivée dans le monde inconnu de leur nouvelle famille est pour eux une expérience extrême.

Ces deux cochons d'Inde se connaissent depuis tout petits : pas d'inquiétude, il est aussi possible d'apprivoiser deux animaux.

Patience et doigté sont donc de rigueur pour la première approche, les cochons d'Inde vous en seront reconnaissants et vous le témoigneront en prenant à leur tour contact avec vous. Ainsi, les bases d'une amitié heureuse et durable peuvent être jetées dès les premiers jours.

Les premiers temps : à éviter absolument

Pour faciliter l'acclimatation des animaux, éviter :

- Les portes qui claquent trop fort effraient les cochons d'Inde, ainsi que les sons stridents et les mouvements frénétiques.
- Surprenant mais vrai : le calme absolu stresse autant les cochons d'Inde que les sons les plus stridents.
- Les mouvements rapides au-dessus de la cage déclenchent une peur instinctive chez les cochons d'Inde (les dangereux oiseaux de proie eux aussi approchent par le haut). Cette peur disparaît avec le temps.
- Ne pas laisser les chiens et autres animaux domestiques approcher des cochons d'Inde au début de la phase d'acclimatation.
- Éteindre et allumer trop souvent une lumière vive peut susciter des réactions de panique chez les cochons d'Inde.
- Tant que les animaux se montrent encore craintifs et farouches dans leurs réactions, ne pas les toucher ni les prendre dans ses bras.
- Ne pas nettoyer la cage tant que ses habitants ne sont pas encore familia-

Pour gagner sa confiance

1 **S'approcher de l'animal** précautionneusement en lui parlant doucement. Dans un premier temps, laisser la porte de la cage fermée.

2 **« Séduire » le cochon d'Inde** en l'attirant avec des friandises, par exemple un morceau de carotte.

3 **Attendre que l'animal** ait perdu toute inquiétude pour ouvrir la porte de la cage et supprimer tout obstacle entre lui et vous.

risés avec leur nouvelle famille et leur nouvel environnement.

- Ne pas changer les mangeoires de place.
- Ne pas soulever l'abri.

Pour une acclimatation réussie : règles à suivre

Tous les animaux, qu'ils soient grands ou petits, gros ou maigres, ont leur personnalité propre. Le développement de cette personnalité est plus ou moins poussé selon les espèces et dépend de la complexité du cerveau de chacune.

Les cochons d'Inde eux aussi sont tous différents : certains sont plus hardis et plus curieux, d'autres plus timides et plus réservés, certains apprennent particulièrement vite, d'autres ont besoin de très longtemps pour comprendre.

Les cochons d'Inde sont des individus aux caractères et aux exigences propres. Respecter les traits de caractère et les particularités de chaque animal facilite l'adaptation et la prise de confiance.

L'odeur de leur cage donne aux cochons d'Inde un sentiment de sécurité et de chez-soi. Par conséquent, ne nettoyer les premières semaines que les endroits fortement souillés.

Les cochons d'Inde élevés seuls ont besoin de beaucoup d'attention, ils paniquent plus facilement que les animaux en groupe et n'éliminent que lentement le stress. Leur excitation retombe plus vite en présence d'un congénère.

Le comportement social des cochons d'Inde est très différent de celui d'autres animaux grégaires. Là où les singes s'épouillent mutuellement, les chevaux et les bovins se lèchent et les perruches se grattent du bec, les cochons d'Inde ne se font jamais de câlins et ne se livrent à aucun soin social du corps. Cela donne à penser que la présence des autres n'est pas très importante, alors que c'est le contraire : le partenaire est absolument essentiel à leur bien-être.

Ne prendre en aucun cas un animal trop farouche dans ses bras ! Lui proposer plutôt des carottes à travers les bar-

reaux de la cage, de manière à piquer sa curiosité et à l'encourager. Il apprend ainsi à reconnaître l'odeur de son maître.
Conseil : Si vous commencez un élevage avec un seul cochon d'Inde, ce que je déconseille fortement (→ page 20), une petite astuce permet de faciliter l'acclimatation du nouveau venu : étaler un peu de son ancienne litière dans la cage et lui passer un enregistrement des bruits de son groupe, mais pas trop fort, les sons supérieurs à 80 db terrorisent les cochons d'Inde.

L'odeur et les bruits apaiseront votre petit compagnon et lui inspireront un sentiment de sécurité.

Mais même s'il se lie d'amitié avec vous, procurez-lui un petit camarade. Partager ses amitiés est toujours bénéfique.

Comment apprivoiser un cochon d'Inde ?

Pour rendre un cochon d'Inde docile, il faut procéder avec beaucoup de sensibilité et d'habileté. Éviter notamment les mouvements rapides et effrayants et toujours s'approcher de l'animal par-devant (→ photos ci-dessus). L'avantage est évident : il peut ainsi reconnaître tout de suite son maître, visuellement et olfactivement, et les personnes auxquelles il est habitué lui font moins peur. La première étape de l'apprivoisement consiste à rendre l'animal curieux de l'homme jusqu'à ce qu'il approche de lui-même volontairement et sans y être forcé. Ce

ASTUCE

Attention à l'élevage à la main !

La prudence est de mise avec les cochons d'Inde élevés à la main et totalement formés par l'homme. En effet, ces animaux ne deviennent jamais véritablement adultes, ils sont souvent difficiles à intégrer à un groupe et sont totalement dépendants des soins de leur maître.

MON ANIMAL DOMESTIQUE

« Fonceur » ou « trouillard » ?

On peut se faire une idée de la personnalité de son cochon d'Inde dès son arrivée. Les courageux ou les timides n'adopteront pas les mêmes comportements, en particulier si la cage est déjà habitée par d'autres cochons d'Inde.

Début du test :

Noter tous les comportements des cochons d'Inde. Si l'un d'entre eux se retire dans sa maison, c'est qu'il est d'un naturel craintif ; s'il se tourne plus souvent que les autres vers son ou ses camarades de cage, il est plus hardi. Les animaux les plus courageux cherchent le contact avec les autres membres du groupe, les plus farouches commencent généralement par se familiariser avec leur environnement et flairent longuement les objets qui meublent la cage.

Résultat du test :

principe de base est valable pour tous les animaux, qu'il s'agisse d'un lion, d'un tigre ou d'une perruche.

Première étape

Le rendre curieux, mais comment ? S'approcher de l'animal en laissant la cage fermée. Se coucher à hauteur de ses yeux à côté de la cage et rester quelques minutes immobile.

Maintenant, l'astuce : imiter les cris du cochon d'Inde, aucun ne peut résister au son de sa propre voix. Si vous avez du mal à vous montrer convaincant, utiliser un petit magnétophone.

Deuxième étape

Gagner sa confiance. Chez les cochons d'Inde, l'amour passe d'abord et en premier lieu par l'estomac. Se frotter les mains avec la litière de la cage pour les imprégner d'une odeur de cochon d'Inde. Ouvrir alors la porte de la cage et présenter à l'animal, par exemple, quelques feuilles fraîches de pissenlit en prononçant doucement son nom. Un « bien » appuyé aura également un effet apaisant sur lui.

Troisième étape

Développer une relation de confiance. Pour le cochon d'Inde, son maître est devenu en quelque sorte un porte-bonheur avec lequel il n'a fait que de bonnes expériences et auquel il associe des sentiments positifs. Une confiance qu'il faut développer. Attirer le cochon d'Inde hors de la cage avec un peu de verdure. Pour lui faciliter le chemin vers la liberté, lui aménager un petit pont avec une planche posée au bord de la cuve en plastique qui forme le fond de la cage. On trouve aussi des ponts en bois souple dans les animaleries, très efficaces pour faciliter la montée et la descente. Enfin, comme c'est en forgeant qu'on devient forgeron, répéter l'exercice plusieurs fois.

Quatrième étape

Faire disparaître toute crainte. La glace est désormais rompue, le cochon d'Inde cherche de lui-même le contact et se laisse même chatouiller doucement sous le menton. Vous avez remporté une première victoire.

La deuxième consiste à caresser l'animal du doigt sur le dos. S'il cesse de reculer, c'est gagné, il est apprivoisé.

Plus rien ne s'oppose désormais à la découverte de l'environnement et c'est alors que la curiosité des petits rongeurs se fait véritablement jour.

Veiller à ce qu'ils disposent toujours d'une possibilité de retraite garantie et sans danger dans la cage, qui reste le lieu où ils se sentent le plus en sécurité.

Le cochon d'Inde se révèle alors sous un tout autre jour, le petit animal peureux et stressé développe une véritable personnalité qui affronte avec assurance les nouveaux problèmes pour tenter de les résoudre.

Après la mort d'un compagnon

Un cochon d'Inde seul n'est pas un cochon d'Inde. Par conséquent, on ne le dira jamais assez : achetez un partenaire à votre cochon d'Inde ! Le choisir de préférence du même sexe que le partenaire décédé et donner aux deux animaux le temps de s'habituer l'un à l'autre. Les petites disputes ne sont pas dangereuses, elles règlent les questions de rang hiérarchique. L'expérience montre qu'un nouveau cochon d'Inde plus jeune s'adapte mieux qu'un plus âgé.

Une fois que le cochon d'Inde est apprivoisé, il prend plaisir aux attentions quotidiennes de son maître.

Questions-réponses : élevage et acclimatation

? Je voudrais habituer ma chienne de deux ans à mes deux cochons d'Inde, est-ce possible ?

Si l'instinct de chasse de votre chienne n'est pas trop développé, cela devrait être possible. Mes chiens ont appris sans problème à vivre avec les cochons d'Inde. Il est important cependant de s'y prendre avec précaution. Commet habituer les animaux les uns aux autres? Faire se coucher le chien devant la cage des cochons d'Inde, lui parler doucement et lui faire des compliments. Attirer les cochons d'Inde à proximité du grillage avec une carotte.

Donner de temps en temps aussi une friandise au chien qui doit rester calme pour ne pas effrayer les cochons d'Inde. Ainsi, chacun apprend à reconnaître l'odeur de l'autre dont la présence devient quotidienne. Répéter l'exercice 5 à 10 fois. Si les cochons d'Inde et le chien ne témoignent que peu d'intérêt les uns pour l'autre, prendre le cochon d'Inde sur ses genoux et le chien à côté de soi. Caresser les deux animaux en même temps. Avec le temps, le chien apprend que les cochons d'Inde ne sont pas des proies et les cochons d'Inde apprennent que le chien est pacifique.

? On dit que les cochons d'Inde sont plus rapides à apprivoiser s'ils n'ont pas d'abri dans leur cage. Est-ce vrai ?

Vrai ou pas, des méthodes aussi coercitives ne doivent en aucun cas être appliquées aux animaux. Dans la nature, les cochons d'Inde vivent dans leurs repaires où ils se réfugient en cas de danger. Ce comportement instinctif est profondément ancré dans leur programme génétique. L'absence de refuge cause de graves troubles comportementaux. La cage doit donc impérativement comporter un abri.

? Peut-on élever des cochons d'Inde seuls ?

La réponse est clairement : non. Les cochons d'Inde sont des animaux à l'instinct grégaire extrêmement prononcé et l'homme ne peut pas remplacer les congénères, car ils ne développent pas une relation aussi profonde avec lui que le font par exemple les chiens ou d'autres animaux. Le bien-être des cochons d'Inde suppose incontestablement d'autres cochons d'Inde.

? Puis-je ajouter mon cochon d'Inde aux oiseaux de ma grande volière couverte (4 x 2 m) en été ?

Les perruches et les callopsittes ne seront sans doute pas dérangés par les cochons d'Inde, ils y verront peut-être même un enrichissement de leur quotidien. Les cochons d'Inde eux non plus n'ont pas peur des oiseaux. Peu s'oppose donc à une cohabitation dans le comportement des deux types d'animaux. L'un des problèmes qui peut se poser est celui de l'hygiène, car les cochons d'Inde se trouveront en contact avec des fientes d'oiseaux et les oiseaux avec des crottes de

cochons d'Inde. Or, les excréments transmettent souvent des maladies. C'est pourquoi il me paraît trop dangereux d'élever ensemble cochons d'Inde et oiseaux.

? Existe-t-il des différences de comportement entre les différentes races de cochons d'Inde ?

Pour autant que je sache, il n'existe aucune étude scientifique sur le sujet. Les avis exprimés par certains éleveurs selon lesquels les animaux à poil long auraient un comportement plus indolent et plus paresseux restent des opinions personnelles. Pour nos expériences d'apprentissage, nous avions trois candidats shelties, deux ont obtenu de moins bons résultats que les cochons d'Inde à poil lisse et rosettes. Mais c'est peut-être simplement le hasard et n'a rien à voir avec la race. En revanche, il existe des différences nettes de comportement entre les cochons d'Inde sauvages et les cochons d'Inde domestiques.

? Peut-on emmener les cochons d'Inde en promenade comme on le fait avec, par exemple, les rats ?

On voit souvent en Angleterre de jeunes femmes se promener dans les parcs un cochon d'Inde dans les bras, certaines aussi emmènent l'animal dans sa caisse de transport. Je ne crois pas que les cochons d'Inde en éprouvent beaucoup de plaisir. À la différence des rats, ils sont très sensibles et farouches. Je le déconseillerais pour ma part.

? Un vendeur d'animalerie m'a conseillé d'acheter d'abord un premier cochon d'Inde, puis un deuxième un peu plus tard, il affirmait qu'ils seraient ainsi plus rapides à apprivoiser.

C'est exactement le contraire. La solitude est un choc pour les cochons d'Inde. Par conséquent, toujours adopter au moins deux animaux en même temps. Ils se soutiendront et se calmeront mutuellement leurs angoisses. Ils supporteront plus facilement à plusieurs le passage de l'animalerie à la maison.

? Lorsque j'attrape mon cochon d'Inde par la peau du cou, il se met à couiner pitoyablement alors qu'il me connaît bien depuis longtemps. Quelle en est la raison ?

Lorsqu'il est attrapé par la nuque, votre petit compagnon pense tout d'abord qu'un oiseau de proie s'empare de lui. La peur des dangers venus du ciel est un héritage de ses ancêtres sauvages et la réaction qu'elle suscite est instinctive. Pour une rencontre plus réussie, il vaut toujours mieux attirer le cochon d'Inde vers soi, lui parler doucement et le prendre ensuite avec précaution dans ses bras (→ page 59).

4.

Une alimentation saine et savoureuse

Les cochons d'Inde mangent sans cesse. C'est essentiel pour leur digestion. D'où l'importance de l'alimentation, et surtout d'un régime varié avec du foin en guise de pain quotidien.

L'alimentation du cochon d'Inde

L'important reste la bonne composition des repas, pour les cochons d'Inde comme pour nous. Leur organisme a besoin de protéines, de glucides, de matières grasses, de minéraux et de vitamines pour rester en bon état de marche.

LA VIE EST UN MANÈGE qui tourne autour de l'alimentation et de la sexualité. C'est le cas pour presque tous les êtres vivants, et par conséquent aussi pour les cochons d'Inde. La question qui se pose est donc celle de savoir ce qu'est une alimentation saine.

Le cochon d'Inde, cet herbivore

Depuis des millions d'années, les êtres vivants se sont adaptés à leur environnement et en particulier à l'offre de nourriture qu'on y trouve. Cette adaptation est la garantie que les animaux les plus divers exploitent toutes les ressources nutritives à leur disposition. Certains sont spécialisés, comme le panda qui se nourrit exclusivement de bambou, d'autres sont omnivores, comme l'homme et le porc, ou herbivores, comme le cochon d'Inde. Cette adaptation à différents régimes alimentaires s'est accompagnée d'une adaptation des organes internes. L'intestin d'un carnivore est, par exemple, beaucoup moins long que celui d'un herbivore. L'intestin du cochon d'Inde est long de presque 2,5 m, un chiffre qui en dit peu en soi mais dont on perçoit l'énormité par comparaison : l'intestin de l'homme est long d'environ 6 m, pour une taille moyenne de 1,70 mètre. Or, les cochons d'Inde ne dépassent pas 30 cm de longueur. L'estomac des petits rongeurs lui aussi est énorme en comparaison : sa capacité de 20 à 30 ml correspond à celle d'un verre à liqueur. Cela peut paraître peu à première vue, c'est pourtant beaucoup si l'on tient compte du poids de l'animal de 800 g environ. L'estomac humain a un volume de 200 ml pour un poids approximatif de 70 kg. La liste de ces adaptations est encore longue et pourrait être poursuivie presque à l'infini. On approche de la réponse à la

Chaque brin est un plaisir : les cochons d'Inde ont besoin tous les jours de foin frais de qualité.

question de l'alimentation saine. Qu'est-ce qu'une alimentation saine? Pour le savoir, il faut retourner dans le passé des cochons d'Inde et examiner ce que leurs ancêtres ont mangé, cela nous apprend ce qui est bon pour les cochons d'Inde d'aujourd'hui : le menu de leurs aïeux tient lieu de ligne directrice pour la composition de leurs repas.

La méthode ancestrale : Que mangent les cochons d'Inde sauvages? Ils vivent dans des régions où l'offre de nourriture n'est ni abondante, ni variée, et se nourrissent en conséquence. Leur menu se compose essentiellement d'herbes et de plantes à teneur élevée en cellulose brute, rien de très calorique. Pour faire le plein de l'énergie dont ils ont besoin, ils sont obligés de chercher en permanence de quoi se nourrir et consomment une succession ininterrompue de petites portions. Il existe une autre stratégie d'alimentation, c'est celle des lions qui dévorent en une fois 20 kg de viande, puis somnolent pendant plusieurs jours. Les deux tactiques sont ancrées dans le programme génétique des animaux et chacune fonctionne à sa manière.

De petites portions : Ce serait une erreur qui nuirait à leur santé d'offrir de trop grosses portions aux cochons d'Inde. Mieux vaut leur proposer de petites quantités de nourriture toute la journée. La consommation ininterrompue d'aliments contenant de la cellulose brute a également une fonction médicale, elle assure la continuité des mouvements intestinaux (péristaltiques) qui se ralentiraient sans l'apport permanent de nourriture, car la musculature gastro-intestinale des cochons d'Inde n'est que faiblement développée. L'autre conclusion qui s'impose est que les cochons d'Inde ne doivent jamais avoir faim.

LE SAVEZ-VOUS ?

C'est vital qu'il mange ses excréments

Qui n'a jamais remarqué que les cochons d'Inde mangeaient leurs crottes ? Rien de dégoûtant à cela, ce ne sont pas les crottes normales qu'ils mangent, mais les cæcotrophes en grappes molles et humides, produits par le cæcum. La digestion se déroule en grande partie dans le cæcum, ou appendice, de sorte que les cæcotrophes sont très riches en protéines auxquelles les cochons d'Inde ont ainsi très facilement accès.

L'indispensable foin

Le foin est le pain quotidien des petits rongeurs et doit toujours être disponible en suffisance. C'est du foin qu'ils tirent les fibres de cellulose brute nécessaire au

Les cochons d'Inde sont exclusivement herbivores. **Le bon foin** est indispensable à une alimentation saine et a des propriétés digestives.

bon fonctionnement de l'activité intestinale. Par ailleurs, la mastication permanente a pour effet secondaire d'éviter toute croissance excessive des incisives. Rien de mieux donc que du bon foin de différentes herbes comme aliment de base. Les cochons d'Inde apprécient beaucoup le foin de trèfle et de luzerne, mais aussi la paille de haricots et de pois. Le foin de prairie permet de leur proposer de nombreuses plantes différentes. Le meilleur contient, outre de l'herbe, de nombreuses graminées, sources importantes de minéraux. Veiller en achetant le foin à ce que l'étiquette indique cette proportion et prendre soin de ne pas en acheter de trop vieux.

Comment reconnaître du bon foin ?

Le vieux foin fait beaucoup de poussière et sent le renfermé, au lieu de l'odeur fraîche et épicée habituelle. Le foin ne doit pas contenir de terre, excréments, moisissure et plantes vénéneuses. Mieux vaut éviter celui dont les brins sont déjà en grande partie brisés. Le foin qu'on trouve en animalerie est normalement de bonne qualité et elles restent la première adresse, elles vendent souvent différentes sortes de foin aux herbes ajoutées les plus diverses, et même des herbes sèches à mélanger au foin.

Conseil : Bien sûr, il est aussi parfaitement possible de récolter son foin soi-même. Mais attention, ne pas cueillir de plantes au bord de routes très fréquentées, elles sont polluées par les gaz d'échappement toxiques et seront préjudiciables à la santé des cochons d'Inde. Il en va de même des plantes ramassées dans les champs trop arrosés d'engrais. Enfin, veiller à ne pas cueillir de plantes vénéneuses (→ Adresses Internet, page 141).

Les éléments constitutifs d'une bonne alimentation

Aucun doute, le foin est essentiel pour les cochons d'Inde. Mais le foin seul ne suffit pas à leur assurer les réserves d'énergie nécessaires. Cela semble contradictoire quand on pense que leurs cousins sauvages se nourrissent exclusivement d'herbes. Mais l'herbe fraîche et l'herbe sèche sont deux choses différentes. De nombreuses substances nutritives contenues dans l'herbe fraîche sont

Les mélanges alimentaires du commerce contiennent beaucoup d'éléments nutritifs, mais ne remplacent en aucun cas les aliments succulents.

détruites dans l'herbe sèche et les cochons d'Inde ont besoin, comme tous les animaux, de protéines (→ Astuce, ci-dessous), matières grasses et glucides en quantités suffisantes pour couvrir leurs besoins énergétiques, sans oublier bien sûr les minéraux et les vitamines.

Les protéines

À quoi servent les protéines? Leur décomposition dans l'organisme produit de l'énergie, pas autant que les matières grasses, mais au moins à moitié. Outre cette fonction énergétique, les protéines sont aussi très importantes pour le renouvellement de l'organisme. Un exemple impressionnant à ce sujet : si vous vous regardez dans le miroir deux fois à un mois d'intervalle, presque toutes les cellules de votre peau ont entre-temps été remplacées par de nouvelles, seules très peu des anciennes cellules vivent encore. De nouvelles cellules se forment sans cesse dans le corps et pour cela, elles ont besoin de protéines qui sont un composant important des membranes cellulaires. De nouvelles cellules naissent et meurent en permanence, c'est une loi biologique générale qui concerne aussi les cochons d'Inde. Un apport insuffisant en protéines entraîne des maladies de carence, ou même la mort. Mais pourquoi le manque de protéines a-t-il des conséquences aussi tragiques? Tout simplement, parce que les muscles eux aussi sont composés essentiellement de protéines; c'est pour cette raison que les bodybuilders et les haltérophiles adoptent un régime riche en protéines. Les muscles des petits animaux eux aussi sont des paquets de protéines.

Quantités : De combien de protéines un cochon d'Inde a-t-il besoin pour maintenir son corps en état? Les scientifiques recommandent 14 à 18 % de protéines brutes par ration quotidienne totale.

Les graines et plantes fourragères suivantes contiennent des protéines végétales :

- graines de tournesol,
- graines de lin, mais attention, elles contiennent aussi beaucoup de matières grasses et font grossir les cochons d'Inde qui en mangent trop,
- légumes secs comme le soja et les arachides,
- graines de céréales,
- foin de prairie et autres aliments verts.

Les glucides

Parmi les glucides les plus connus figurent les sucres et les amidons. On les trouve notamment dans le pain, les pâtes ou les sucreries et ce sont aujourd'hui les premiers aliments qui font grossir. La principale réserve de glucides dans la nature reste cependant inaccessible aux hommes et à de nombreux animaux, c'est la cellulose à partir de laquelle les plantes construisent leurs parois cellulaires. Seuls les herbivores comme nos

ASTUCE

Des protéines, mais exclusivement végétales

Contrairement, par exemple, aux hamsters, les cochons d'Inde sont exclusivement végétariens. Ils ne tolèrent que les protéines végétales. Inutile donc de chercher à les gâter avec du fromage blanc, du yaourt ou des boulettes de viande, ils n'en tireraient aucun plaisir.

Une carotte est une véritable bombe de vitamine A. Le carotène qu'elle contient est également bon pour la vue.

cochons d'Inde ont accès à ce trésor naturel inestimable car ils peuvent décomposer la cellulose en sucre. Plus exactement, ils le peuvent à l'aide de micro-organismes et de bactéries qui abondent dans leur intestin. Sans ces petits compagnons, les cochons d'Inde mourraient de faim. La cellulose est présente dans tous les végétaux et bien sûr aussi dans le foin. Les cochons d'Inde ont besoin de glucides pour faire le plein d'énergie et pour développer et conserver leur corps en état.

Les matières grasses

Protéines, glucides et matières grasses (ou lipides) sont la base d'une alimentation saine et fournissent l'énergie nécessaire à la vie. Sans ce trio, rien ne va plus. Les besoins des animaux sont cependant différents selon les espèces. Les ours polaires et les phoques ont besoin de beaucoup de matières grasses, les cochons d'Inde plutôt de beaucoup de glucides. Ils trouvent les matières grasses dont ils ont besoin au printemps et en été dans les aliments verts, en hiver dans des légumes secs, des graines de tournesol et du maïs qu'on peut ajouter à leur menu.

Conseil : Un gramme de lipides fournit deux fois plus de calories qu'un gramme de glucides ou de protéines. Or, les cochons d'Inde ont tendance à grossir exagérément, ils doivent donc être nourris avec des aliments peu gras.

Les minéraux

Qu'est-ce qu'un minéral? Peu le savent exactement et la plupart des livres délivrent des informations inexactes sur le

En hiver, quand l'herbe ne pousse plus, un pot de fleurs planté soi-même fait l'affaire.

sujet. Sans vouloir donner de leçon à quiconque, une simple anecdote illustre le fait : les chameaux d'un troupeau souffraient d'une carence en cuivre diagnostiquée par le vétérinaire, la réaction de leurs gardiens ne s'est pas fait attendre, ils ont donné des barres de cuivre à lécher à leurs animaux. Or, ils n'auraient pu trouver pire, car le métal cuivre pur est toxique, même à dose réduite. Mais revenons à la question : les minéraux sont des sels de métaux divers absorbés par l'organisme. La plupart des métaux purs sont toxiques mais tous les êtres vivants ont besoin de minéraux qui remplissent des fonctions très diverses.

Pour les cochons d'Inde, un apport équilibré en minéraux est essentiel, il dépend du type d'aliment et de son administration. Ils ne doivent pas consommer trop de minéraux de calcium susceptibles d'entraîner des troubles digestifs, limiter par conséquent les quantités de luzerne, brocoli, feuilles de chou-rave et persil qui contiennent beaucoup de sels de calcium. L'apport en sels de sodium, lui, sera suffisant si les recommandations de ce guide en matière d'alimentation sont respectées.

Conseil : Si leur alimentation est équilibrée et diversifiée, les cochons d'Inde n'ont pas besoin de pierre de sel à lécher.

Les vitamines

La plupart des êtres vivants sont en mesure de former eux-mêmes de la vitamine C. Seuls les hommes, les singes et les cochons d'Inde ne le peuvent pas. Ils doivent donc l'absorber par leur alimentation. Une carence peut être à l'origine de maladies graves, tandis qu'un excès ne nuit en rien puisqu'il est éliminé avec l'urine.

Les cochons d'Inde adultes devraient normalement recevoir 10 mg de vitamine C par jour, les femelles en gestation 20 milligrammes. Mais comment peser avec précision pour arriver à ces chiffres scientifiques ? En général, les cochons d'Inde couvrent leur besoin en vitamine C par des aliments frais variés et équilibrés comme des légumes, des fruits et de la salade. Cependant, la vitamine C est instable à la chaleur et elle est détruite dans les plantes cueillies depuis longtemps et exposées au soleil. C'est pourquoi je conseille pour plus de sûreté d'ajouter une pincée de vitamine C en poudre (en droguerie ou en pharmacie) aux repas des cochons d'Inde, surtout en hiver lorsque les produits frais se font rares. Il suffit de saupoudrer d'un quart de cuillerée à café les produits frais lavés et humides, l'idéal est de le faire en deux fois, soit un huitième de cuillerée à café par repas. Les plantes suivantes contien-

D'un seul coup d'œil : aliments succulents

Aliments verts

Tous les cochons d'Inde aiment les plantes sauvages fraîches comme le pissenlit et le plantain lancéolé. Mais beaucoup d'autres plantes conviennent aussi à une alimentation saine du cochon d'Inde (→ Aliments verts et succulents, page 74).

Légumes

Les légumes frais et croquants comme les carottes, concombres, brocoli ou chou-rave contiennent beaucoup de vitamines et de minéraux. Ils sont indispensables pour nourrir sainement un cochon d'Inde.

Fruits

Bien que les fruits contiennent beaucoup de vitamine C, certains cochons d'Inde les dédaignent parfois. Dans ce cas, couvrir les besoins en vitamine C des animaux avec des produits verts comme du pissenlit ou du persil.

nent par ailleurs beaucoup de vitamine C : orties, persil, poivrons, brocoli, fenouil, kiwis, chou-rave, fraises, chou blanc, trèfle, épinards, mâche, pissenlit, maïs, carottes, pommes, endives, chicorée, concombre, laitue et salade iceberg. La vitamine A est présente en abondance dans les carottes. Les préparations multivitaminées qu'on trouve notamment en animalerie sont à mon avis à réserver aux jours où les animaux ne semblent pas parfaitement en forme et à utiliser sinon avec précaution. La raison en est simple, elles contiennent aussi de la vitamine D qui peut être nocive à dose excessive, une trop grande quantité peut être à l'origine de calculs urinaires.

Conseil : Comme pour l'homme, la vitamine C aide les cochons d'Inde à lutter contre les maladies infectieuses et les refroidissements. Si les petits animaux éternuent et reniflent, on peut leur donner une double dose de vitamine C, c'est un conseil de vétérinaire qui s'est toujours avéré efficace pour les remettre rapidement en forme.

LE RÉGIME IDÉAL

ALIMENT ET QUANTITÉ

Tous les jours	Le foin doit toujours être présent. Une à deux cuillerées à soupe d'aliments préparés par animal et par jour, portion à répartir sur toute la journée. Une poignée d'herbe, un peu de pissenlit, une carotte et un morceau de concombre. Fruits et légumes variés selon la saison. Pomme, poire, brocoli, épinards (voir page 74). L'eau fraîche doit toujours être disponible à volonté.
Toutes les semaines	Du pain dur et des branches pour user les dents. Aucune indication précise de quantité, car le besoin quotidien dépend de la taille des cochons d'Inde et de leur activité.

Aliments secs et succulents

En matière d'alimentation, les cochons d'Inde ont très peu d'exigences. Mais des repas toujours identiques peuvent donner lieu à des phénomènes de malnutrition. Aussi, il est important de varier le menu sans oublier l'essentiel, des aliments à ronger.

LES ALIMENTS PRÉPARÉS valent bien mieux que ce qu'on en dit et peuvent être proposés aux cochons d'Inde sans arrière-pensées, pour économiser du temps, mais aussi du travail.

Ce qu'il faut savoir sur les aliments préparés industriels

Les mélanges alimentaires du commerce contiennent du blé, de l'avoine, du maïs, des graines de tournesol, des arachides et de petits granulés de foin pressé enrichi en minéraux et vitamines. Toujours veiller à leur composition en les achetant, trop de bonnes choses peuvent nuire à la santé et les arachides et graines de tournesol sont hypercaloriques.

Quantités : Pas plus d'une à deux cuillerées à soupe par jour et par animal (→ Le régime idéal, page 72).

Les mélanges maison : Bien sûr, on peut aussi réaliser soi-même les mélanges alimentaires de ses cochons d'Inde, mais il faut beaucoup d'expérience pour trouver les bonnes proportions. Mieux vaut donc ne pas s'y risquer si vous débutez dans l'élevage, d'autant moins que les produits de marque ont depuis longtemps prouvé leur efficacité. Éviter simplement les mélanges en vrac sans garantie de fraîcheur. De même, veiller à la date de péremption et à la composition du mélange. Comme chaque marque propose des ingrédients différents, on peut changer toutes les deux ou trois fois pour un régime plus diversifié. Cette solution n'est, certes, pas la moins chère, mais elle est la garantie d'une alimentation variée. Un dernier conseil : ne pas acheter de trop grandes quantités et ne pas les stocker trop longtemps, la nourriture pour cochons d'Inde s'abîme facilement.

Conseil : Les aliments préparés ne doivent pas être la seule nourriture proposée aux cochons d'Inde, vos petits protégés ont aussi besoin tous les jours de foin et de verdure bien fraîche.

ASTUCE

Si petit cochon devient trop gros

Les cochons d'Inde ne doivent pas souffrir de la faim (→ page 66), mais si l'un d'entre eux devient trop gros, renoncer systématiquement aux bons morceaux supplémentaires, comme les barres à ronger ou autres friandises, qui font grossir. Peut-être quelques exercices de remise en forme (→ à partir de la page 103) peuvent-ils aussi aider.

Aliments verts et succulents

Les plantes jeunes contiennent plus de substances nutritives que les plantes âgées dans lesquelles la proportion de cellulose s'accroît avec la lignification. Aussi, quelle que soit la joie exprimée par les cochons d'Inde à la vue de l'herbe fraîche du printemps, quelques précautions s'imposent. Cette première herbe contient beaucoup de protéines et peu de cellulose brute, ce qui peut causer aux animaux des troubles digestifs. Au début de la belle saison, habituer soigneusement les cochons d'Inde à la juteuse tentation, par exemple en ne plaçant qu'une moitié de l'enclos mobile sur une surface herbue. Les animaux ont besoin de ces aliments verts qui contiennent aussi des huiles, des vitamines et des oligo-éléments. Selon les saisons, ce seront des plantes sauvages, des fruits, des légumes et de la salade.

Les plantes sauvages : Le pissenlit est riche en protéines et en calcium, ne pas en donner trop aux cochons d'Inde en raison de cette teneur en calcium. Les orties contiennent beaucoup de vitamine C et de protéines, mais les animaux ne mangent que les plants séchés et fanés à haute valeur nutritive. L'égopode est une mauvaise herbe, mais les cochons d'Inde l'apprécient, ainsi que la berce.

Les plantes sauvages aiguisent toujours l'appétit des petits rongeurs. Dans leur intérêt, mieux vaut cependant les réfréner et ne leur servir que de petites portions. Parmi les autres plantes de prédilection des cochons d'Inde figurent la capucine, la menthe sauvage, le tussilage, le grand plantain, le souci, l'armoise, le mouron des oiseaux et la camomille. Il arrive que certains individus préfèrent l'une ou l'autre plante mais, dans l'objectif d'une alimentation variée, éviter alors de la leur servir pendant quelques jours.

Les fruits : Les fruits ne sont pas ce que préfèrent les cochons d'Inde. Ils mangent bien ici ou là un morceau de pomme ou de poire, mais ils repoussent les oranges.

Les légumes : Ne pas donner de déchets de légumes aux cochons d'Inde mais uniquement des légumes frais et lavés à l'eau tiède. Les petits animaux apprécient différemment les brocolis, feuilles de chou-fleur, concombres, carottes, chou-rave, céleri, épinards et courgettes.

La salade : La salade aussi doit être soigneusement lavée. Les cochons d'Inde apprécient tout particulièrement les endives, malheureusement elles contiennent des substances qui fermentent rapidement et ne peuvent leur être proposées qu'en petites quantités. Ils apprécient aussi la salade iceberg et la laitue.

Le jeune cochon d'Inde imite son compagnon adulte et mange des aliments secs. Pourtant, ce sont les produits frais et les minéraux qui sont vitaux pour un développement harmonieux.

Conseil : Les choux ne doivent être servis qu'en quantités limitées car ils provoquent des ballonnements.

Comment servir les aliments succulents

S'il n'est pas nécessaire de servir les animaux sur un plateau d'argent, une planchette de bois ou une pierre plate éviteront aux produits frais et humides d'être souillés par la litière pour que les cochons d'Inde profitent pleinement de fruits, légumes et salade bien croquants.

Attention, toxique !

Ci-dessous, quelques plantes toxiques pour les cochons d'Inde.

Les cochons d'Inde ont besoin en permanence **d'objets à ronger** tels que des branches fraîches. C'est le seul moyen pour eux d'user leurs dents qui ne s'arrêtent jamais de pousser.

Plantes de jardin : adonis de printemps, acacia, ancolie, azalées, mercuriale, lierre, if, aconit, datura, glycine, cytise, renoncules, colchique, pervenches, magnolia, crocus, liliacées, solanacées, sceau-de-salomon, stramoine, genévrier et euphorbes.
Plantes d'appartement : cyclamen, ficus pleureur, couronne d'épines, dieffenbachie, fougères, hoja, pommier d'amour, croton, laurier-rose, poinsettia et arum.

Les aliments à ronger

Les dents des rongeurs poussent toute leur vie, mais des dents trop longues les empêchent de s'alimenter et causent des blessures. Une alimentation régulière permet de réguler la croissance des dents. Les meilleurs aliments à ronger sont le pain dur ou les branches et rameaux de pommier, poirier, tilleul et bouleau non traités. Vous pouvez aussi gâter à l'occasion vos petits chéris avec des barres à ronger achetés en animalerie, beaucoup de cochons d'Inde en raffolent. Mais ne pas exagérer les doses, car ces gourmandises sont hypercaloriques.

Quantités et besoins

Il est difficile de donner des chiffres précis, car les quantités de nourriture dépendent de la teneur énergétique et de la proportion de cellulose brute des aliments. On peut garder en tête comme ligne directrice 4 % du poids de l'animal par jour, soit 40 g par jour pour un cochon d'Inde de 1 000 grammes.

L'eau fraîche

Lorsqu'il fait très chaud, on peut voir les cochons d'Inde boire à grands traits leur biberon, alors qu'ils s'abreuvent sinon relativement peu. S'ils sont nourris de produits frais très juteux, ils ont besoin de 100 ml d'eau environ par jour, sinon de 250 à 1 000 millilitres. Le biberon doit toujours être plein et accessible.

Une carotte est cachée dans le foin, un délice rapidement découvert.

Pour nourrir correctement ses cochons d'Inde : règles de base

- Leur donner leur ration quotidienne en petites portions trois fois par jour ou, si vous travaillez à midi, le matin et le soir seulement.
- Veiller à ce que le râtelier soit toujours plein de foin. Ne pas en répandre par terre, vous risquez de polluer le sol.
- Habituer progressivement les animaux aux produits verts frais du printemps.
- Retirer les restes de produits frais de la cage lorsque les animaux ont fini leur repas. S'il y en a beaucoup, les mettre au réfrigérateur dans une boîte en plastique bien fermée.
- Veiller à la composition des mélanges alimentaires du commerce.
- N'administrer les mélanges alimentaires préparés qu'en petites quantités.
- Les animaux de rang inférieur doivent eux aussi pouvoir accéder à la nourriture sans être dérangés. Les cochons d'Inde mangent généralement tranquillement les uns à côté des autres, mais on observe parfois des frictions. Dans ce cas, placer dans la cage une planche qui empêche les animaux de se voir.
- Veiller à ce que les animaux consomment suffisamment de vitamine C chaque jour (→ page 70)
- Ils doivent toujours disposer d'eau.

MON ANIMAL DOMESTIQUE

Quel est le repas préféré de mon cochon d'Inde ?

Pendant une sortie, cacher différents aliments dans la cage ou dans l'enclos et envoyer ensuite le concurrent les chercher. Vous pourrez ainsi noter ses préférences et la finesse de son odorat.

Début du test :

Cacher les bouchées pour que l'animal doive les chercher. Observer plusieurs fois de suite où il se rend en premier lieu après trois ou quatre tentatives (les deux premières peuvent être le fruit du hasard), il doit d'abord apprendre où trouver son repas préféré.

Résultat du test :

Cobaye bien soigné en parfaite santé

Une cage propre et des soins appropriés, telles sont les conditions de base pour que les cochons d'Inde restent en bonne santé. Si l'un d'entre eux tombe malgré tout malade, consulter un vétérinaire sans attendre.

Des soins adaptés pour prévenir les maladies

Il est facile de comprendre que l'hygiène est importante pour l'élevage de cochons d'Inde quand on voit à quel point les cages trop dégoûtantes et les animaux sales attirent les maladies comme par magie. C'est pourquoi il est essentiel de veiller à une certaine propreté, sans pour autant devenir maniaque.

TROP D'ATTENTIONS ne plaisent pas aux cochons d'Inde. Ils partagent cette opinion avec d'autres animaux qui ont chacun leur propre conception de l'hygiène ; le plumage des oiseaux doit être propre pour leur permettre de voler correctement, le pelage de nombreux mammifères doit être nettoyé pour les protéger du froid et des parasites.

Les soins corporels jouent un rôle important dans le règne animal. Ils contribuent à assurer la survie des individus : trop de parasites finissent le plus souvent par causer des maladies et réduire la durée de vie de l'animal infesté.

Les toilettes minutieuses auxquelles se livrent parfois les hommes restent néanmoins ignorées des animaux. Malgré tout, une certaine propreté s'impose, surtout chez les animaux domestiques.

L'importance de l'hygiène

Le nettoyage régulier de la cage, de l'enclos et de leur mobilier est une condition essentielle pour garder ses cochons d'Inde en bonne santé. Bactéries, virus et champignons ont sinon la partie facile et nos boules de poils ne tardent pas à tomber malades. Les soins aux animaux jouent aussi un rôle prophylactique important – les cochons d'Inde trop négligés, outre qu'ils se sentent moins bien, sont plus sujets aux maladies.

L'entretien de la cage et de son mobilier

Afin d'éviter le manque d'hygiène de s'installer chez les cochons d'Inde, il convient de faire régulièrement le ménage.

Le poil luisant, le regard clair et le petit nez bien propre : ce cochon d'Inde est en parfaite santé.

Tous les jours : Laver tous les récipients contenant des aliments ou des boissons à l'eau chaude et les essuyer.

Pour les biberons, utiliser de préférence un goupillon, et un coton-tige pour leur petit tube métallique. Remplir ensuite de nouveau mangeoires et biberons.

Toutes les semaines : Changer toute la litière de la cage. Les copeaux de bois tendre recommandés plus haut peuvent être jetés avec les déchets biologiques. Brosser à l'eau chaude dans la baignoire la cuve, le grillage et le mobilier de la cage, puis les sécher. Laver également les cloisons et les briques que les cochons d'Inde marquent souvent de leur urine (→ page 15).

Utiliser de l'eau très chaude pour être sûr de tuer les éventuels agents pathogènes.

Il arrive que l'urine des animaux forme des dépôts solides qui s'incrustent dans la cuve et sont difficiles à éliminer avec simplement une brosse et de l'eau, on peut alors utiliser de l'acide citrique dilué (en pharmacie) ou mettre la cuve à tremper dans du vinaigre. La rincer ensuite soigneusement à l'eau claire.

Conseil : Les animaleries vendent des aérosols contre les mauvaises odeurs, censés permettre de changer moins souvent la litière dans la cage. Ils ne font cependant qu'irriter l'odorat des cochons d'Inde et trompent en faisant croire que la litière est encore propre. Ils ne doivent en aucun cas remplacer un nettoyage régulier de la cage.

Que faire des animaux pendant le grand nettoyage ?

Pendant le nettoyage de la cage, le mieux est d'offrir aux animaux une sortie en liberté dans la pièce ou dans l'espace prévu à cet effet, ou alors de les faire déménager dans un enclos mobile.

Cela leur épargnera stress et agitation. Les cochons d'Inde peuvent aussi s'habituer à ces grands nettoyages, ils donnent alors l'impression de creuser et fouiller avec plaisir dans la litière propre. L'activité est en tout cas intense dans la cage fraîchement nettoyée.

Conseil : Les cochons d'Inde qui vivent essentiellement à l'intérieur ne doivent pas être transférés dans un enclos mobile par temps froid.

Un changement de température trop brusque risquerait de provoquer un refroidissement aux conséquences graves (→ page 42).

Encore quelques instants et les animaux pourront emménager de nouveau dans la cage parfaitement nettoyée. Beaucoup d'enfants ont plaisir à réaménager la cage différemment après le ménage.

Le nettoyage de l'enclos

Si les cochons d'Inde vivent toute l'année dans un enclos fixe, un nettoyage régulier s'impose là aussi.

Tous les jours : Laver les mangeoires à l'eau chaude, sinon tous les jours, au moins plusieurs fois par semaine. Capitonner l'abri ou la cabane-dortoir avec du foin frais ou de la litière pour petits animaux, car les cochons d'Inde ont l'habitude de souiller leur lit d'urine et d'excréments.

Deux fois par semaine : Épurer entièrement le sol de la cabane ou de l'abri et le recouvrir de litière fraîche. Si l'intérieur de la cabane est très humide, le laisser d'abord bien sécher.

Toutes les semaines : Selon la nature du sol, le ratisser et y répandre une litière fraîche, par exemple un paillage d'écorce.

Comment soulever et porter correctement un cochon d'Inde ?

Un cochon d'Inde attrapé maladroitement se met à gigoter et peut se blesser grièvement en tombant, même d'une faible hauteur.

C'est pourquoi il est important de soulever l'animal avec douceur pour le porter en toute sécurité.

Pour cela, entourer depuis le bas son poitrail en soutenant son arrière-train de l'autre main (→ photo page 89).

Pour le porter, placer le cochon d'Inde sur l'avant-bras replié qui doit rester tout près du corps afin que l'animal ne glisse pas entre les deux, et le protéger des chutes avec l'autre main.

CHECK-LIST

Plan entretien et soins

Des soins réguliers sont indispensables pour élever des cochons d'Inde en bonne santé.

Tous les jours :

- ○ Rincer abreuvoirs et mangeoires à l'eau chaude (sans liquide vaisselle !).
- ○ Contrôler les dents, l'anus, les yeux, le nez et les oreilles des cochons d'Inde.
- ○ Brosser les sujets à poil long pour éviter que leur pelage ne feutre. Défaire ou couper les nœuds.
- ○ Les cochons d'Inde à poil court font eux-mêmes leur toilette mais aiment les massages de la brosse.

Toutes les semaines :

- ○ Nettoyer la cage et son mobilier à l'eau chaude. Renouveler complètement la litière. Nettoyer soigneusement les biberons à l'aide d'un goupillon.

Tous les mois :

- ○ Si des dépôts d'urine sont incrustés dans la cuve, les dissoudre à l'aide d'acide citrique dilué ou mettre la cuve à tremper dans du vinaigre.
- ○ Pas forcément indispensable mais raisonnable après une maladie : désinfecter avec un désinfectant doux.

Pour la bonne santé des animaux, il est important de **maintenir la cage propre** et si possible d'examiner de près ses habitants tous les jours.

Les soins aux cochons d'Inde

Les cochons d'Inde nécessitent relativement peu de soins. Il est néanmoins important de les observer attentivement et de les examiner régulièrement, c'est le seul moyen de détecter à temps les éventuels signes de maladie pour faire traiter l'animal par un vétérinaire.

Griffes : Les contrôler toutes les semaines. Si elles poussent trop, la cause en est souvent un sous-sol trop meuble. Or, les griffes trop longues rendent la marche très douloureuse pour les cochons d'Inde.

Veiller par conséquent à ce qu'ils puissent les user sur un support suffisamment dur. Pour cela, placer dans la cage ou l'enclos une ou plusieurs pierres plates de manière à créer différentes structures de sol, ce qui aide les cochons d'Inde à maintenir leurs griffes courtes. Si elles sont malgré tout trop longues, ne pas hésiter à consulter un vétérinaire qui vous montrera comment faire pour les couper sans risques. Utiliser une pince spéciale (en animalerie).

L'important est de ne pas blesser les vaisseaux sanguins des griffes : pour les repérer, tenir la patte de l'animal devant une source de lumière vive comme une lampe de bureau et couper la griffe au-dessus du vaisseau.

Si malgré toutes ces précautions, un vaisseau était blessé, presser aussitôt un mouchoir en papier propre à l'endroit du saignement et le fixer soigneusement avec un pansement en spray.

Dents : L'inspection régulière des dents est obligatoire chez les cochons d'Inde. En effet, si les incisives qui poussent en permanence ne s'usent pas suffisamment lorsque l'animal s'alimente, elles se développent vers l'intérieur et les pointes coupantes comme des lames de rasoir causent aux cochons d'Inde des douleurs telles qu'ils peuvent se laisser mourir de faim devant leur mangeoire pleine. Des aliments durs et des branches à grignoter (→ Les aliments à ronger, page 75) permettent d'éviter les problèmes dentaires. Les dents trop longues doivent être raccourcies par un vétérinaire.

Yeux, oreilles, nez : Les yeux, oreilles et nez collés et souillés sont nettoyés à l'aide d'un torchon humide et préalablement chauffé. La solution de camomille

Cette caisse de transport est idéale pour amener l'animal chez le vétérinaire.

souvent utilisée dans ce cas ne convient pas aux cochons d'Inde, car elle provoque des chutes de poils.

Attention, des yeux, des oreilles et un nez fortement collés en permanence sont souvent les premiers symptômes d'une maladie grave.

Ne pas hésiter par conséquent à présenter un animal dans cet état à un vétérinaire.

Anus : L'anus collé et souillé est souvent un signe de maladie grave. Si le cochon d'Inde a la diarrhée, il peut avoir attrapé des parasites intestinaux, être atteint d'une maladie infectieuse ou souffrir de problèmes dentaires.

La cause peut aussi en être une alimentation inadaptée ou une carence en vitamine C. Nettoyer l'anus avec un torchon humide et chauffé et proposer du bon foin au cochon d'Inde. Contrôler son poids (→ Contrôle du poids, page 86). Si aucune amélioration nette ne se produit dans les deux jours, présenter l'animal à un vétérinaire.

Pour un aussi petit animal que le cochon d'Inde, la diarrhée peut rapidement signifier un arrêt de mort.

LE SAVEZ-VOUS ?

Les cochons d'Inde muent

Les cochons d'Inde muent généralement au printemps et en automne pour acquérir, au printemps leur poil d'été plus fin, et en automne leur poil d'hiver plus épais. Le phénomène touche particulièrement les animaux qui vivent dans un enclos extérieur du printemps à l'automne. À cette période, il est donc parfaitement normal que le cochon d'Inde perde ses poils. Les animaux élevés exclusivement à l'intérieur peuvent perdre des poils toute l'année du fait de la température constante. Les femelles en gestation perdent aussi souvent des poils à la fin de leur grossesse et pendant l'allaitement, surtout sur le ventre et le poitrail. Un brossage soigneux avec une brosse douce en poils naturels aide à éliminer les poils morts. La plupart des cochons d'Inde aiment être brossés car cela leur fait l'effet d'un massage très agréable et bienfaisant.

Bain ou pas ?

Les cochons d'Inde ont peur de l'eau et prennent facilement froid. Un bain, ou plutôt une douche, n'est indiqué (→ page 88) qu'en cas d'urgence, si l'animal a la diarrhée ou pour le débarrasser de parasites. Placer alors l'animal sous un jet léger d'eau tiède jusqu'à ce que son poil soit entièrement mouillé. Il se fige le plus souvent dans une espèce de rigidité terrifiée et supporte ce traitement sans opposer de résistance.

Il peut néanmoins arriver qu'il se défende énergiquement. Veiller à ne pas lui mettre d'eau dans les yeux, le nez ou la bouche et le sécher soigneusement avec une serviette chauffée après le bain, ou éventuellement avec un sèche-cheveux. Ne laisser ressortir les animaux qui vivent toute l'année dans un enclos que lorsque leur poil est parfaitement sec, ce qui peut durer plusieurs heures.

Quant aux petites averses à l'extérieur, elles sont un délice pour les cochons d'Inde dont elles dépoussièrent et nettoient le poil et qu'elles massent. Ils cherchent alors d'eux-mêmes l'abri de la cabane lorsqu'ils en ont assez, mais beaucoup adorent littéralement la pluie.

Le soin particulier du poil

Les cochons d'Inde à poil lisse et les cochons d'Inde rosettes n'ont besoin de quasiment aucune aide pour prendre soin de leur pelage. Seuls les animaux de race à poil long sont incapables de tenir propre leur épaisse fourrure. Dans la nature, ils n'auraient quasiment aucune chance de survie.

Soin du poil, vite et bien : Les cochons d'Inde à poil long doivent être peignés et brossés plusieurs fois par semaine. Pour cela, le mieux est de placer l'animal sur la table ou sur ses genoux, sur un torchon préalablement chauffé qui lui sera agréable. Passer la main sur tout le poil de l'animal en commençant par l'arrière et en profiter pour tâter les éventuelles modifications cutanées et les endroits feutrés. Utiliser une brosse douce et un peigne aux dents larges. Commencer par peigner les poils, les brosser ensuite jusqu'à ce que le pelage soit luisant.

L'arrière-train se salit particulièrement vite car des brins de foin s'y accrochent, ou des bardanes pour les cochons d'Inde qui vivent à l'extérieur.

Nœuds et feutrages : Commencer par diviser les nœuds en plusieurs parties avec les doigts, puis essayer de les défaire à l'aide d'un manche de peigne ou d'une aiguille à tricoter.

Si cela ne marche pas, il ne reste que le couteau à nœuds spécialement prévu à cet effet (en animalerie).

On peut aussi infliger une coupe de cheveux à son cochon d'Inde, surtout en été, ce qui lui épargne de douloureux brossages et prévient les infections et parasites qui apprécient particulièrement les parties feutrées du pelage.

Les zones feutrées et rebondies doivent impérativement être montrées à un vétérinaire qui tondra éventuellement l'animal.

La toilette personnelle du cochon d'Inde

On remarque en observant les cochons d'Inde qu'ils ne se nettoient jamais le poil l'un de l'autre.

Ils assument eux-mêmes leurs soins corporels et ne reçoivent aucune aide des autres membres du groupe comme c'est le cas chez, par exemple, les souris et les rats. On n'observe aucun soin du poil mutuel ou, comme disent les spécialistes, soin social.

Les cochons d'Inde sont des animaux propres et soigneux qui font leur toilette à de multiples reprises au cours de la journée.

1 **Le poids** renseigne sur la santé du cochon d'Inde. Ne jamais poser la balance sur la table, mais par terre : si l'animal prend peur, il risque de se blesser grièvement en tombant de la table.

2 **Contrôler régulièrement** les griffes du cochon d'Inde. Si elles sont trop longues, elles l'empêchent de se déplacer et sont douloureuses. Les griffes trop longues doivent être coupées par un spécialiste.

3 **Le contrôle dentaire régulier** fait partie des soins obligatoires du cochon d'Inde. S'il n'a pas assez de possibilités de ronger, les dents deviennent trop longues et l'empêchent de s'alimenter.

4 **Chez les cochons d'Inde à poil long,** le brossage et le peignage réguliers du poil sont indispensables à l'hygiène. Les animaux à poil lisse n'ont pas besoin d'un tel soin.

Plus ils sont sales, plus ils se lavent. La toilette suit un rituel plus ou moins fixe. Le cochon d'Inde commence par lever une patte avant ou les deux vers la bouche, il les lèche et les passe rapidement sur la bouche, le museau, le reste du visage et les oreilles.

Il lèche ensuite ses flancs et son dos et termine par le ventre et les parties génitales. Si la langue ne suffit pas à éliminer la saleté, les dents entrent en action pour gratter les parties du corps souillées. L'animal se gratte également la tête avec la patte arrière, mais attention : la toilette ne sert pas toujours à se laver.

De nombreux animaux font leur toilette ou se grattent en cas de conflit intérieur, s'ils n'arrivent pas, par exemple, à prendre la décision d'attaquer un adversaire ou de fuir devant lui. Ce comportement spécifique a également été observé chez les cochons d'Inde.

Ils font leur toilette lorsqu'ils se trouvent face à deux alternatives lors d'un apprentissage ou ne savent pas s'ils feraient mieux d'attaquer un adversaire ou de prendre la fuite.

Les hommes aussi se comportent de cette manière en cas de conflit, notamment lorsqu'ils se grattent la tête ou jouent avec un crayon.

MON ANIMAL DOMESTIQUE

Mon cochon d'Inde prend-il du poids ?

Le poids du cochon d'Inde en dit long sur sa santé et son bien-être. Une perte de poids peut être à l'origine d'une maladie ou de stress, qui peut cependant aussi se traduire par une prise de poids.

Début du test :

Peser le cochon d'Inde sur une balance de cuisine posée par terre. Établir un tableau des valeurs mesurées. Noter le poids de départ de l'animal et observer s'il reste constant ou s'il change. La règle absolue est de vérifier que le groupe fonctionne bien ou de consulter un vétérinaire si un cochon d'Inde perd plus de 10 % de son poids en trois jours.

Résultat du test :

Maladies les plus courantes

Les cochons d'Inde ne sont pas sujets aux maladies, à condition qu'ils soient élevés dans de bonnes conditions. La plupart de leurs maladies sont dues à des erreurs d'élevage même si, bien sûr, il arrive aussi qu'un animal soit déjà malade lors de son acquisition. Les pages qui suivent présentent les affections les plus fréquentes.

LES COCHONS D'INDE sont rarement malades et il suffit de les observer attentivement chaque jour pour déceler à temps le moindre changement. Ne pas hésiter alors à consulter un vétérinaire sans attendre. En effet, comme tous les petits animaux, les cochons d'Inde ont un taux de métabolisme élevé et les agents pathogènes peuvent se propager très rapidement dans leur organisme, de sorte que même les infections légères présentent souvent des risques mortels.

Comment repérer les premiers symptômes ?

Les signes suivants peuvent indiquer une maladie chez le cochon d'Inde :

- Il mange et boit nettement moins que d'habitude.
- Il a perdu du poids au cours des quatre dernières semaines.
- Il respire difficilement et faiblement, il est très rapidement à bout de souffle.
- Il a les yeux et/ou le nez qui coulent en permanence.
- Il se gratte très souvent, perd ses poils ou présente des zones glabres.
- Il souffre de problèmes digestifs et de diarrhée persistants.
- Il reste couché et apathique dans un coin de la cage. Mon conseil : prendre sa température, elle doit être de 37,9 à 39,7 °C pour un animal adulte. Utiliser un thermomètre numérique qui permet une meilleure lecture, en frotter la pointe avec un peu de crème pour la peau et l'enfoncer doucement dans l'anus de l'animal.

Conseil : Dès les premiers signes de maladie, mieux vaut transférer le petit patient dans une cage individuelle ou une caisse de transport. Cela évite la contagion des autres cochons d'Inde et facilite son observation.

Comment transporter son cochon d'Inde en toute sécurité ?

Pour amener un cochon d'Inde au vétérinaire, le mieux est de le porter dans une caisse de transport en plastique (en animalerie). Une poignée de litière prise dans la cage ou l'enclos lui donnera un sentiment de sécurité.

Les maladies cutanées

Les maladies de peau peuvent avoir des origines multiples. Elles sont souvent causées par des parasites qui s'attaquent directement à l'épiderme, ce qu'on appelle des ectoparasites, mais des troubles du métabolisme des organes internes ou des parasites qui vivent dans l'organisme (= endoparasites) peuvent aussi provoquer des affections cutanées. La présence d'ectoparasites est souvent associée à des erreurs d'élevage ou de nutrition. Les principaux sont les acariens, les mallophages et les champignons.

Acariens

Ce sont des compagnons dangereux pour les cochons d'Inde. Les acariens font partie des arachnides et peuvent, comme la gale du cobaye *(Trixacarus caviae)* s'enfoncer à travers la peau.

Les cochons d'Inde se grattent pour essayer de se défendre, mais le plus souvent sans résultat, et leur peau se couvre de pellicules, griffures et croûtes.

Consulter aussitôt un vétérinaire, car une attaque d'acariens trop importante peut entraîner la mort de l'animal.

Les mites ne sont pas aussi dangereuses, elles s'agrippent aux poils du cochon d'Inde et vivent de ses sécrétions cutanées, on les trouve uniquement sur la partie arrière du dos et les faces extérieures des cuisses.

ASTUCE

Trouver le bon vétérinaire

Il n'est pas toujours facile de trouver un spécialiste des petits animaux comme les cochons d'Inde. Ne pas hésiter à interroger son vétérinaire pour savoir s'il connaît bien ces espèces ou non, prendre contact avec d'autres éleveurs et demander l'adresse d'un spécialiste dans un refuge pour animaux.

Causes possibles : La présence d'acariens indique souvent que les défenses immunitaires du cochon d'Inde sont affaiblies et impose de vérifier les conditions d'élevage : la composition du groupe est-elle satisfaisante ? la cage trop petite ? l'alimentation pas assez variée ?
Traitement : Le vétérinaire administre le plus souvent une piqûre antiparasitaire au petit animal infesté, un traitement généralement répété sept à dix jours plus tard : ne pas omettre ce deuxième rendez-vous, même si le cochon d'Inde semble aller mieux, car les parasites sont tenaces et certains survivent à un traitement unique.

En cas d'attaques chroniques, le vétérinaire peut prescrire un shampooing avec lequel laver l'animal.

Si un bain s'avère nécessaire, placer l'animal dans un seau d'eau tiède et le faire se tenir sur ses pattes arrière en le soutenant de la main gauche passée sous les pattes avant. La tête doit dépasser de l'eau. Frotter doucement la tête avec le shampooing dilué et veiller à ne pas lui en mettre dans les yeux. Respecter la durée prescrite, un bain trop court ou trop long peut nuire à l'animal.

Après le bain, essuyer soigneusement le cochon d'Inde avec une serviette douce et le protéger des courants d'air. Le traitement antiparasitaire suppose un peu de travail, car la cage et les environs doivent être nettoyés et désinfectés plus fréquemment.

Demander au vétérinaire à quelle fréquence, quel désinfectant utiliser et si le cochon d'Inde malade peut sortir ou non. Certains conseillent aussi de tondre les animaux pour accélérer leur guérison, une solution qui paraît raisonnable, même si tous les cochons d'Inde ne sont heureusement pas victimes d'acariens.

Pour le soulever correctement : entourer le poitrail par le bas et soutenir l'arrière-train avec l'autre main.

Pour finir, un cocktail vitaminé sous forme de préparation multivitamines et une dose accrue de vitamine C renforcent le système de défense (immunitaire) de l'animal. Le traitement des acariens est donc avant tout médical.
Conseil : Pour les bains à usage médical, utiliser des gants jetables.

Mallophages

Ces minuscules insectes ne percent pas la peau comme les poux ou les puces, mais vivent sur les poils de leur animal hôte. Ils ont trois paires de pattes, et non quatre comme les acariens, et leur corps est divisé en tête, thorax et abdomen. Ils sont irritants pour la peau et collent leurs lentes (œufs) aux poils du cochon d'Inde.

Les mallophages vivent deux à trois mois et se nourrissent essentiellement des pellicules et sécrétions cutanées, notamment les sécrétions glandulaires. On peut les voir à la loupe.
Causes possibles : Ces parasites sont malheureusement assez fréquents. Les animaux achetés depuis peu peuvent en être porteurs et infester les autres membres du groupe, mais certains objets, comme une brosse, ou la litière peuvent aussi abriter des mallophages. Pour plus de sûreté, laisser la responsabilité du diagnostic à un vétérinaire.
Traitement : Le vétérinaire prescrira une poudre ou un aérosol et vous expliquera les points à respecter lors du traitement. Pour se débarrasser des mallophages, l'environnement doit aussi être traité, soit tous les objets avec lesquels les ani-

maux sont en contact. Les nettoyer le plus souvent possible (au moins deux fois par semaine) et ne pas épargner la petite maison.
Conseil : Mieux vaut couper les poils particulièrement atteints.

Puces

Les cochons d'Inde ont moins à souffrir des puces que les chiens, les chats ou les lapins, car il n'existe pas d'espèce spécifique du cochon d'Inde.

Ce qui ne veut pas dire que les puces des autres animaux ne se sentent pas bien dans leur fourrure, même les puces de l'homme.
Traitement : Se faire prescrire un produit efficace par le vétérinaire et ne pas oublier de traiter aussi l'environnement.

Champignons

Les mycoses causées par des champignons peuvent toucher l'homme et sont difficiles à traiter. Chez le cochon d'Inde, ce sont souvent des maladies tenaces.
Symptômes : Chez le cochon d'Inde, les symptômes sont de fortes démangeaisons accompagnées de griffures et morsures, ainsi que de chutes de poils laissant des plaques circulaires.
Traitement : Ne pas hésiter à consulter un vétérinaire, car les mycoses sont transmissibles à l'homme et seul un spécialiste sera en mesure de poser un diagnostic précis en cultivant le champignon incriminé.
Conseil : Ne pas se laisser séduire par les publicités en s'attaquant soi-même aux parasites à l'aide des aérosols et solutions qu'elles vantent. Le traitement par un spécialiste est toujours préférable, et en fin de compte aussi moins onéreux.

Les maladies des oreilles

Champignons, acariens ou encore bactéries peuvent infester le conduit auditif externe et y causer des inflammations.
Symptômes : Le conduit auditif est rouge et empli d'une sécrétion brune ou noire. Le cochon d'Inde est agité, secoue fréquemment la tête et essaie de se gratter. Il peut aussi s'agir d'une inflammation de l'oreille moyenne, plus douloureuse et complexe. Elle est souvent causée par des bactéries et se manifeste par une apathie des animaux qui ne s'alimentent plus et ont de la fièvre.
Traitement : Uniquement vétérinaire !

Les affections oculaires

Elles sont relativement rares chez le cochon d'Inde. Les plus fréquentes sont des conjonctivites, des inflammations des paupières ou de leur bord et des glandes lacrymales, relativement peu protégées. Malgré leurs grands yeux en effet, les cochons d'Inde ne possèdent pas de troisième paupière qui protège l'œil des poussières et impuretés comme de nombreux autres animaux.
Symptômes : La conjonctivite aiguë se manifeste par une forte rougeur et un gonflement de la conjonctive, ainsi que par l'écoulement d'un épais liquide lacrymal.
Causes possibles : Courant d'air, corps étranger dans l'œil, parasites ou encore allergènes, notamment pollen.
Traitement : Pommade ophtalmique prescrite par un vétérinaire.

L'ecthyma contagieux

Causes : Il apparaît à la suite d'une faiblesse cutanée due à une résistance.

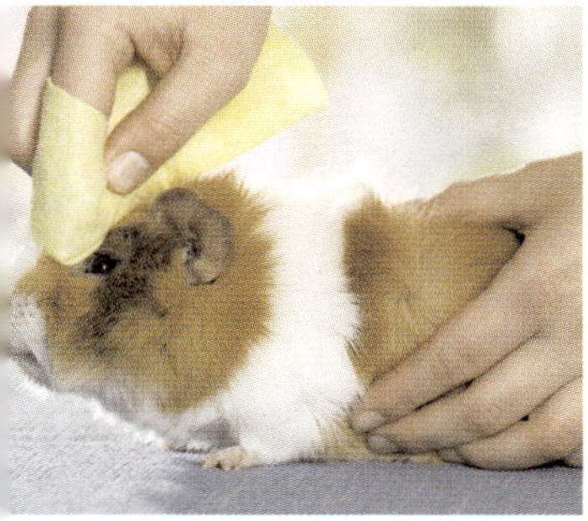

1 Les yeux **larmoyants** et enflammés doivent être nettoyés soigneusement à l'aide d'un chiffon doux humidifié.

2 L'anus **souillé** et collé est également nettoyé avec un chiffon humide. Une région anale souillée peut être signe de maladie.

3 **Nettoyer** uniquement le pavillon de l'oreille avec soin, mais éviter absolument de pénétrer dans le conduit auditif avec le chiffon.

De minuscules plaies entraînent la formation de déchirures cutanées dans lesquelles des bactéries et des champignons élisent domicile. La maladie est favorisée par une alimentation insuffisante en acides gras non saturés, vitamines A et C.
Symptômes : La commissure des lèvres et les lèvres sont rougies et couvertes d'escarres.
Traitement : Le vétérinaire prescrit généralement une pommade à accompagner d'un cocktail vitaminé (→ page 72).

Les inflammations des coussinets

Elles se révèlent souvent particulièrement tenaces et longues à traiter.
Symptômes : Les coussinets à la semelle des pattes sont enflammés et, dans les cas les plus graves, peuvent saigner ou être purulents. Les animaux évitent de marcher sur les coussinets atteints.
Causes possibles : Ce sont malheureusement souvent, là aussi, des erreurs d'élevage et d'alimentation qui en sont à l'origine. Les causes peuvent en être une dégénérescence hépatique et une carence en acides gras non saturés, ainsi qu'un sol froid et humide ou une activité insuffisante. Les animaux les plus gros sont particulièrement sujets à ces inflammations.
Traitement : Seul un vétérinaire peut aider.

La diarrhée

Elle peut s'avérer très dangereuse pour le cochon d'Inde si elle dure trop longtemps.

Une visite chez le vétérinaire : un bon médecin prend des précautions en examinant l'animal et se donne le temps de faire un diagnostic, il est en mesure de fournir des explications précises sur la maladie dont le cochon d'Inde est atteint.

Symptômes : Les crottes sont plus molles, plus collantes et plus aqueuses que d'habitude. La région anale et les pattes arrière sont souillées. L'animal ne se sent pas bien et lève ostensiblement l'arrière-train.
Causes possibles : Ce sont souvent des aliments ou de l'eau avariés et contaminés par des agents pathogènes tels que salmonelles ou pasteurellas qui en sont responsables, mais les produits frais indigestes sont aussi une cause possible.
Traitement : Ne plus donner de produits frais au cochon d'Inde, mais uniquement du foin, du pain suédois et de l'infusion de camomille légèrement sucrée. Placer le petit patient dans une cage à part ou une grande caisse de transport pour éviter la contagion et mieux le surveiller. Si la diarrhée ne cesse pas au bout de deux jours, consulter un vétérinaire. Nettoyer également la cage à l'eau chaude et, après en avoir parlé avec le vétérinaire, avec une solution désinfectante.

La constipation

Symptômes : Les crottes restent collées les unes aux autres, elles sont sèches, petites et couvertes d'une substance visqueuse. Les animaux n'ont pas d'appétit et se montrent apathiques.
Causes possibles : Les cochons d'Inde ne boivent pas assez, car l'eau n'est pas disponible en suffisance dans la cage. Les autres causes possibles sont une alimentation trop riche en fécule et trop pauvre en cellulose brute, ou encore un manque d'activité ou une anomalie dentaire.
Traitement : Placer l'animal sur une bouillotte chaude et lui masser le ventre. Effectuer des mouvements circulaires doux avec deux doigts du côté gauche et droit du ventre. Si l'animal reste constipé plus d'un jour, une visite chez le vétérinaire est indispensable.

Le coup de chaleur

Le risque de décès par coup de chaleur est important pour les petits animaux, bien que sous-estimé par de nombreux éleveurs. Il est en effet difficile pour nous les hommes de nous imaginer ce que cela représente puisque nous nous accommodons sans problème des grosses chaleurs grâce à la transpiration : le froid de la sueur qui s'évapore refroidit notre sang. Les cochons d'Inde, eux, ne peuvent pas transpirer, même les chiens les plus haletants ne le peuvent pas. Ils ne peuvent donc pas se débarrasser de la chaleur qui les envahit et chauffent littéralement comme des fours. Leur seule possibilité d'y échapper est de fuir à l'ombre. Le problème touche particulièrement les sujets les plus gras. Le risque de surchauffe commence dès 28 °C environ à une humidité atmosphérique de 70 %. L'espace intérieur d'une voiture peut notamment se réchauffer très vite en été.

Symptômes : Les animaux sont apathiques, se couchent sur le côté et respirent par à-coups, leurs muqueuses se teintent de bleu.

Traitement : Au premier soupçon de coup de chaleur, porter aussitôt l'animal à l'ombre et lui refroidir les pieds en le mettant debout dans un récipient plat plein d'eau froide. On peut aussi le soutenir en l'éventant ou lui soufflant de l'air frais avec un sèche-cheveux (après en avoir retiré la spirale de chauffage). S'il se remet, il doit pouvoir boire.

Prévention : Ne pas placer la cage dans une pièce trop chaude et mal aérée et toujours monter l'enclos en partie à l'ombre.

Les refroidissements

Contrairement aux hommes, les cochons d'Inde tombent rarement malades lorsqu'ils prennent froid.

Causes : Les courants d'air et les sols de pierre froids favorisent ce type de maladies.

Symptômes : L'animal éternue, son nez coule et sa respiration est sifflante.

Traitement : Je recommande une exposi-

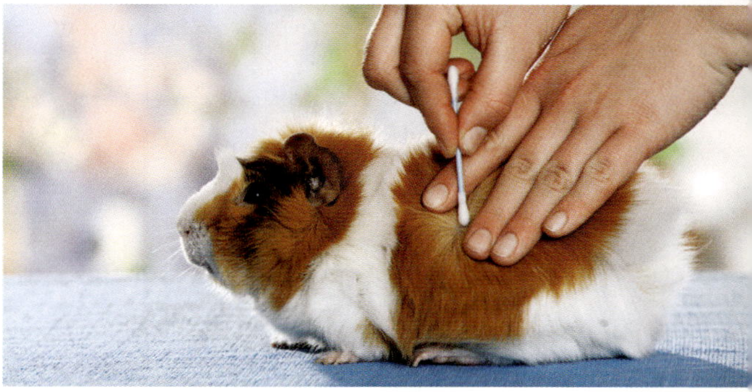

Comment lui administrer des médicaments

1 **Les médicaments liquides** sont administrés le plus facilement à l'aide d'une pipette introduite par le côté de la bouche.

2 **Un coton-tige** est souvent utile pour appliquer une pommade. Se faire montrer par le vétérinaire comment administrer chaque médicament.

tion au rayonnement infrarouge. La lampe à chaleur aide en cas de refroidissement léger et stimule métabolisme et circulation. Elle ne doit éclairer qu'un côté de la cage pour laisser au cochon d'Inde la possibilité de sortir de la zone chauffée et, bien sûr, elle ne doit pas être posée trop près de la cage en raison des risques de surchauffe. Si le refroidissement persiste, consulter sans attendre un vétérinaire.

Les abcès et tumeurs

Ne pas s'effrayer des tuméfactions observées en tâtant le cochon d'Inde, notamment au niveau de la tête, du cou, des épaules et du dos, beaucoup de ces tumeurs et abcès sont bénins.
Causes possibles : La cause reste souvent indéterminée et n'a en général rien à voir avec l'élevage.
Traitement : Seul un vétérinaire peut poser le bon diagnostic et proposer la thérapie correspondante, le plus souvent une ablation chirurgicale de la tumeur ou de l'abcès.

Les asticots

J'ai reçu il y a peu la lettre d'une lectrice dont le cochon d'Inde a subi l'atteinte de mouches dans son enclos et a connu une fin particulièrement horrible.
Causes : En été, les mouches pondent leurs œufs aux endroits du corps souillés, humides ou blessés, notamment l'anus marqué de restes d'excréments ou une petite plaie passée inaperçue. Les œufs se développent en quelques heures et donnent naissance à des asticots qui pénètrent dans le corps de l'animal, par l'anus, et le dévorent littéralement de l'intérieur. Dans ce cas, le vétérinaire n'a plus d'autre choix que de piquer l'animal.
Prévention : La propreté dans l'enclos extérieur est une règle fondamentale. Examiner les animaux chaque jour en été pour repérer d'éventuels asticots et informer immédiatement le vétérinaire au premier que vous trouvez.

Un cochon d'Inde malade a besoin de beaucoup de calme et d'une observation attentive. Le surveiller plusieurs fois par jour et contrôler sa respiration et son activité.

SPÉCIAL PARENTS

Si l'envie de cochon d'Inde lui passe

Nos deux enfants ne s'intéressent plus du tout à leurs deux cochons d'Inde et les négligent totalement. Ils refusent aussi de nettoyer la cage. Nous pensons donner les animaux à un refuge.

IL N'EST MALHEUREUSEMENT PAS RARE de voir des enfants perdre, définitivement ou provisoirement, tout intérêt pour leur animal. Leurs autres activités en sont souvent responsables, notamment les rencontres plus fréquentes entre amis. Pourtant, il faut au moins essayer de rapprocher les cochons d'Inde des enfants et ce n'est que lorsque tout effort se sera vraiment révélé vain qu'il sera temps de chercher un nouveau foyer aux animaux ou de les donner au besoin à un refuge.

Rester en contact

Essayer de faire comprendre à l'enfant le besoin essentiel qu'ont les animaux de leur environnement familier et les souffrances extrêmes qu'ils endureront à passer de main en main. Chercher des comparaisons significatives, par exemple en montrant aux enfants ce qu'ils ressentiraient eux-mêmes s'ils devaient quitter leur maison. Leur rappeler quelques épisodes passionnants de la vie des cochons d'Inde, par exemple leur comportement social très intéressant (→ page 17) ou comme ils viennent au monde déjà presque adultes. Réaliser avec les enfants un ou plusieurs des tests « Mon animal domestique » décrits dans ce guide et analyser ensemble les résultats de l'observation commune. Demander au professeur de biologie ou à l'instituteur des enfants d'organiser une journée des animaux domestiques où les enfants pourront faire un court exposé sur leur petit compagnon. Autoriser éventuellement les enfants à échanger sur Internet avec d'autres éleveurs de cochons d'Inde, on trouve de nombreux sites Web et forums très intéressants sur le sujet.

Établir des règles fixes

Mettre en place un tour de rôle pour l'entretien des cochons d'Inde. Établir avec les enfants un emploi du temps hebdomadaire pour tous les travaux à faire en tenant compte de leurs autres activités et contrôler bien sûr systématiquement son application pour le bien-être des animaux. Rester cependant en retrait pour permettre aux enfants de se mettre en avant en tant que maîtres responsables. Ne pas épargner les compliments lorsqu'ils ont rempli leur tâche conformément aux accords passés. L'une de ces propositions devrait normalement susciter de nouveau leur intérêt.

Activité et bien-être

Les cochons d'Inde domestiques peuvent avoir une existence passionnante, à condition qu'ils puissent sortir en liberté et disposent de suffisamment de distractions contre l'ennui.

Pour rester en forme physique et intellectuelle

Sans stimulation et sans activité, nous dépérissons. Il n'en va pas autrement des cochons d'Inde domestiques. Certes, un congénère peut les aider à passer le temps, mais cela ne saurait suffire. Alors, poussez et encouragez vos compagnons à quatre pattes.

FAUTE D'EXERCICE, ON ROUILLE. La formule s'applique aussi, au sens figuré, aux animaux. Seules quelques très rares espèces peuvent se permettre l'oisiveté dans la nature. C'est encore plus vrai pour les espèces proies au comportement de fuite inné comme les cochons d'Inde : la nature leur dicte de toujours être sur le qui-vive pour éviter d'être dévoré. Leur répertoire comportemental semble par conséquent plutôt limité, ils sont timides et peureux et n'ont guère de temps à consacrer au jeu, une occupation par ailleurs bien trop dangereuse.

Les cochons d'Inde jouent-ils ?

Les cochons d'Inde ne font certainement pas partie des animaux les plus joueurs. Ils jouent peu par rapport aux chiens et aux chats. Mais ils jouent quand même, surtout les jeunes, et parfois aussi les plus âgés. La seule exception reste les sujets castrés qui se révèlent des joueurs enthousiastes. Ils sont moins intégrés au quotidien du groupe et disposent de plus de temps libre car ils ne se préoccupent ni de chercher une partenaire, ni de reproduction. Mais pourquoi le jeu est-il si important, pour les hommes comme pour les animaux? C'est un entraînement pour parer à toutes les éventualités futures, particulièrement pour les animaux dont les instincts ne sont pas encore tous développés à la naissance et qui doivent apprendre à connaître leur environnement. En règle générale, on dit que plus son cerveau est complexe et développé, plus un animal doit jouer pendant sa jeunesse. Au cours de cette phase, il apprend à estimer son adresse, sa force et celles des autres membres du groupe. La plupart des animaux ne jouent que pendant leur enfance et leur jeunesse sous la protection de leurs parents; c'est une occupation beaucoup

Les cochons d'Inde sont malins : avec un peu de patience, ils peuvent apprendre de petits tours.

L'activité avec les cochons d'Inde **renforce les liens** entre eux et avec leur maître. Prendre par conséquent le temps de jouer ensemble.

trop risquée pour les animaux plus âgés qui savent bien qu'en jouant, on s'oublie soi-même et son environnement et on peut devenir une proie facile, comme les jeunes cochons d'Inde qui font des bonds de plaisir et d'animation en multipliant cabrioles et crochets en l'air. Ces exercices d'adresse sont pourtant nécessaires pour apprendre aux petits rongeurs à fuir devant leurs ennemis. Les juniors jouent aussi volontiers au chat et se poursuivent en alternant les rôles de chasseur et de chassé jusqu'à l'épuisement, avant de se reposer étroitement blottis les uns contre les autres. De nombreux animaux grégaires ont aussi au programme des jeux de combat que les cochons d'Inde ne connaissent pas : leur comportement social est visiblement basé sur un autre schéma éducatif. Enfin, des chercheurs ont récemment établi que presque tous les animaux qui vivent sous la tutelle de l'homme jouent beaucoup plus longtemps que leurs cousins sauvages. Les cochons d'Inde sont particulièrement d'humeur à jouer le matin et le soir.

Les jeunes sujets apprivoisés aiment à sauter, bondir et se pourchasser. Pendant les pauses, ils se font aussi gratter et chatouiller par leur maître et des bruits familiers comme les couinements ou roucoulements leur donnent un sentiment de sécurité et les incitent à jouer (→ page 118).

Pour une petite douceur, on peut bien faire un peu de sport et grimper sur sa maison.

Tout pour éviter l'ennui

La vie dans la nature n'a rien de comparable à la vie sous la protection de l'homme. Chez nous, les cochons d'Inde n'ont pas d'ennemis à redouter et ne sont pas obligés de passer leurs journées à chercher leur nourriture. Il leur reste donc beaucoup de temps. Les cochons d'Inde élevés seuls ne savent pas quoi en faire et meurent parfois littéralement d'ennui. Les animaux en groupe ont déjà plus de chance, ils peuvent communiquer avec leur(s) partenaire(s). Mais c'est encore loin d'être suffisant et une activité abondante est nécessaire pour remplacer la vie dans la nature. Elle peut prendre les formes les plus diverses : de la simple recherche de friandises cachées aux casse-tête les plus inventifs. Bien sûr, tous les animaux ne doivent pas être mis dans le même sac, ils ont tous des talents et des facultés intellectuelles très différents. Les cochons d'Inde sont souvent méconnus du fait de leur comportement craintif et farouche ; ils passent pour être gentils, mais idiots. Pourtant, une fois les animaux débarrassés de leur peur naturelle, on constate qu'il s'agit d'un regrettable préjugé : les cochons d'Inde aiment partir à la découverte, ils flairent alors tout ce qui leur passe sous le nez ou entre les pattes, les objets rencontrés sont travaillés aux dents et un endroit surélevé sert à observer les environs. Avec beaucoup d'amour, on peut aussi leur apprendre de petits tours. Certains maîtres lèvent les bras au ciel lorsqu'il est question d'enseigner quelque chose à leurs animaux, ils y voient une violence faite à la nature et à ses créatures. C'est pourtant le contraire qui est vrai et, à quelques exceptions près, l'apprentissage fait partie de la vie dans le règne animal. On a constaté que les cellules nerveuses du cerveau des cochons d'Inde établissaient beaucoup plus de connexions lorsque les animaux vivaient dans un environnement stimulant, développant un fonctionnement cérébral plus complexe, et donc plus efficace. Pour leur bien-être, les cochons d'Inde doivent être sollicités et encouragés.

Comment créer de bonnes conditions

S'il est un principe de base à appliquer, c'est que les cochons d'Inde ont besoin d'une atmosphère détendue. En pratique, cela signifie : ne pas entraîner les petits animaux à proximité immédiate de sons à haute fréquence (p. ex. de travaux), le bruit leur ferait peur, et éviter les lumières trop vives. Ne jamais non plus punir les animaux, seule une récompense aura de l'effet et les cochons d'Inde sont faciles à séduire avec une friandise ; ils y trouvent toujours autant de plaisir, quel que soit le nombre de tentatives. Les petits rongeurs sont également plus attentifs en cours particuliers, le groupe détourne trop leur attention, et ils apprennent particulièrement vite entre neuf et dix mois. Les chercheurs en ont été très surpris, car c'est relativement tard

LE SAVEZ-VOUS ?

Les cochons d'Inde possèdent des talents méconnus

Les cochons d'Inde n'apprennent correctement que lorsque toutes les conditions pour cela sont réunies. Ils refusent de coopérer s'ils ont peur ou sont stressés. Les scientifiques ont constaté avec surprise qu'ils obtenaient les mêmes résultats de tests que les rats, connus pour leur grande intelligence : si on cache les repas des cochons d'Inde à différents endroits ou leur donne plus ou moins à certains endroits, ils apprennent rapidement à aller de préférence vers ces endroits.

Parcours de santé

1 **Rien de tel qu'un arbre à ronger** pour rester en forme. Pour parvenir aux savoureux morceaux choisis, le cochon d'Inde doit se redresser et s'étirer copieusement.

2 **Le programme de remise en forme** comporte aussi des exercices d'adresse comme cette balançoire à bascule.

3 **Le slalom entre les branches** est bon pour la ligne, mais c'est un exercice difficile pour les cochons d'Inde.

par rapport à d'autres animaux à espérance de vie plus élevée comme les chats ou les chiens, mais les jeunes cochons d'Inde sont encore trop timides. Ils apprennent plus facilement dans leur environnement familier, ils s'y sentent en sécurité et sont prêts à aborder la nouveauté. Enfin, l'apprentissage n'avance jamais aussi vite que dans une ambiance «parfumée» : avant chaque exercice, se frotter les mains avec de la litière de la cage. Les petits quadrupèdes ébouriffés sont alors prêts à toutes les expériences et brûlent d'impatience entre chaque nouvel exercice; de quoi faire disparaître les derniers doutes quant à l'importance de l'activité pour les cochons d'Inde. Dans la pratique cependant, peu de maîtres trouvent le temps de s'occuper aussi intensivement de leurs petits compagnons. Pour les aider à lutter contre l'ennui, on peut leur installer un terrain d'aventures, une «cage de sortie» (→ page 39) aux distractions variées ou un enclos aménagé à leur goût, les animaux restent ainsi en forme physique et intellectuelle. Pour l'installation de la «cage de sortie» et de l'enclos, chacun peut laisser libre cours à son imagination et les possibilités sont multiples pour occuper les cochons d'Inde (→ page 103).

Ce que les cochons d'Inde apprennent facilement

Les petits rongeurs distinguent par exemple facilement les voix.

Apprendre à reconnaître la voix : On peut tester cette aptitude des animaux très simplement et pas scientifiquement du tout en faisant appeler un groupe de cochons d'Inde par quatre personnes : ils accourront à la voix de leur maître et viendront chercher la carotte qu'il leur tend. Lorsque j'ai fait le test chez moi, les cochons d'Inde ont d'abord hésité un peu à la voix de mon ami avant de venir malgré tout, ils n'ont pas bougé à la voix de mes deux enfants qui ont quitté la maison depuis longtemps mais ont reconnu tout de suite la voix de mon épouse. Nous avons refait le test sur d'autres groupes de

cochons d'Inde, avec toujours le même résultat, qui confirme par ailleurs les observations de nombreux éleveurs. La reconnaissance va parfois même si loin que les cochons d'Inde se mettent à couiner de joie lorsqu'ils entendent arriver la voiture de leur maître.

Apprendre un tour : On peut par exemple apprendre aux cochons d'Inde à aller dans le coin droit de la cage lorsqu'ils entendent un son grave et dans le coin gauche lorsqu'ils entendent un son plus aigu. Comment faire? C'est très simple : si le cochon d'Inde va vers la droite au son grave, il se voit offrir un petit morceau de carotte, s'il se trompe il n'a rien. Il maîtrise l'exercice au bout de quelques tentatives. Mais, de même que Paris ne s'est pas fait en un jour, les cochons d'Inde n'apprennent pas instantanément et l'exercice de dressage doit être répété à de multiples reprises jusqu'à ce que le tour soit au point.

Apprendre son nom : On me demande souvent si les cochons d'Inde peuvent apprendre à répondre à leur nom. Or, il faut convenir qu'on n'en est pas totalement certain, même en apprenant son nom à chaque animal personnellement. Une méthode qui peut fonctionner consiste à asseoir son petit élève par terre devant soi et à lui montrer sa récompense (par exemple une carotte), puis à l'appeler par son nom. Un animal apprivoisé ne pourra résister à cette tentation et se précipitera vers son maître. Répéter l'exercice plusieurs fois avant de passer à

ASTUCE

Penser au nettoyage !

Les objets construits soi-même ou achetés pour donner de l'activité aux cochons d'Inde doivent être faciles à nettoyer, car les animaux les salissent rapidement de leur urine ou excréments. Veiller à ce qu'ils puissent sans problème être brossés de temps en temps sous l'eau chaude et bien les sécher ensuite.

l'épreuve de vérité sans carotte. Le cochon d'Inde viendra aussi joyeusement que d'habitude, mais cela n'est pas une raison de se réjouir, car il est impossible de savoir s'il aura reconnu son nom ou simplement le son d'une voix familière. Un fait plaide en faveur de cette seconde hypothèse, à savoir que tous les cochons d'Inde d'un groupe accourent généralement à l'appel de l'un d'entre eux ; on peut avoir l'impression que l'animal appelé réagit un peu plus rapidement, mais cela n'a pas été testé scientifiquement dans les règles de l'art.

Apprendre l'orientation : Les cochons d'Inde apprennent rapidement à se retrouver dans les systèmes de couloirs. Lorsque, par exemple, on construit avec des planches ou des briques un système en Y dont les deux couloirs (les deux branches de l'Y) sont différents l'un de l'autre, le premier sombre (les parois collées de papier noir) et le second clair (les parois collées de papier blanc), la tâche des cochons d'Inde consistant à aller chercher leur récompense à l'extrémité du couloir clair, il leur suffit de quatre ou cinq tentatives pour apprendre que seul le couloir clair contient de la nourriture. Même si on échange les couloirs, ils repèrent rapidement que seul le couloir clair contient de la nourriture, quelle que soit sa direction. Une anecdote montre bien la vivacité de leur esprit : un candidat ayant emprunté le couloir sombre a remarqué son erreur alors qu'il était déjà à mi-chemin, aussitôt, il a sauté par-dessus le mur pour rejoindre l'autre couloir et aller chercher sa récompense. Le système de couloir peut aussi être élargi pour former un labyrinthe, les cochons d'Inde s'y retrouveront sans peine : les expériences ont montré qu'ils trouvaient tout de suite la sortie sans se perdre, même dans les dédales les plus complexes.

Apprendre à utiliser un clavier : Les cochons d'Inde peuvent aussi apprendre à utiliser des touches colorées comme celles d'un clavier jouet (en magasin de jouets). Comment faire ? Poser un morceau de carotte sur la touche voulue, le cochon d'Inde accourra et y appuiera par mégarde. Répéter l'opération plusieurs fois pour que le hasard devienne intentionnel : ne plus poser de carotte sur la touche mais attendre jusqu'à ce que l'animal y appuie avec impatience et lui donner alors la carotte. Au bout de quelques exercices, le cochon d'Inde a saisi la relation entre appuyer sur la touche et recevoir une friandise.

Il est étonnant de constater la rapidité à laquelle les cochons d'Inde apprennent. Ils n'ont rien à envier en cela aux

Séance d'escalade dans l'enclos extérieur, voila qui est amusant. Les objets naturels comme les pierres, les branches ou les racines sont une distraction toujours bienvenue.

rats, connus pour leur intelligence. L'expérience avec la touche devait en fait servir de base à d'autres visant à savoir si les cochons d'Inde distinguent ou non les couleurs. Leur mémoire elle aussi a beaucoup impressionné les chercheurs : même après plus d'un an, ils n'avaient pas oublié l'expérience et savaient se servir de la touche pour obtenir l'objet désiré. Ils sont donc loin d'être bêtes.

Apprendre à reconnaître les formes : Les cochons d'Inde apprennent assez rapidement à distinguer un cercle d'un carré et d'un triangle. La méthode est toujours la même : l'animal ne reçoit de récompense que lorsqu'il choisit l'écuelle marquée (p. ex. au feutre noir) d'un cercle, d'un carré ou d'un triangle.

Pour changer du quotidien

Pour les cochons d'Inde domestiques qui vivent chez l'homme, l'activité est vitale. Pour cela, vous trouverez ci-dessous quelques suggestions pratiques qui ont fait leurs preuves. La célèbre photographe animalière et auteur Monika Wegler a mis au point pour ses cochons d'Inde un arbre à ronger, un escalier, une bascule et un petit parcours. Sauf l'escalier, ces « appareils de musculation », parfaitement conçus et recommandables, sont en bois naturel, de sorte que les animaux peuvent les grignoter sans danger. Les bricoleurs les plus doués peuvent s'y essayer, leurs cochons d'Inde leur en seront reconnaissants.

L'arbre à ronger

Il incite les cochons d'Inde à se donner du mal pour gagner leurs repas. Il est très facile à construire (→ photo page 100).

Matériel nécessaire : Une branche fourchue longue de 30 cm environ avec

CHECK-LIST

Risques potentiels

Les cochons d'Inde ont un grand besoin de mouvement et la sortie quotidienne est indispensable. Mais auparavant, il convient d'éloigner tous les risques potentiels et de faire preuve de la prudence nécessaire.

- ○ Ne pas laisser traîner d'objets pointus tels qu'aiguilles ou punaises.
- ○ Ranger les objets tranchants (couteaux).
- ○ Placer les plantes toxiques (→ page 75) hors de portée des cochons d'Inde (risque d'empoisonnement en les grignotant).
- ○ Ouvrir et fermer les portes avec précaution pour ne pas y coincer un cochon d'Inde.
- ○ Ne pas poser d'animal sur une table.
- ○ Veiller à ne pas marcher sur un animal par inadvertance.
- ○ Enfermer les produits d'entretien.
- ○ Poser les câbles électriques de manière inaccessibles pour les animaux, p. ex. sous la moquette ou derrière les plinthes.
- ○ Assurer les balustrades de balcons avec un grillage ou une clôture pour chats.
- ○ Les cochons d'Inde peuvent facilement être victimes d'un coup de chaleur, veiller à ce qu'ils disposent toujours d'endroits ombragés (→ page 92).

MON ANIMAL DOMESTIQUE

Mon cochon d'Inde reconnaît-il différentes personnes ?

Les cochons d'Inde distinguent les différences de sons et de voix, ainsi que, sans doute, les visages. Pour en être sûr, faire un petit test.

Début du test :

Il faut être deux pour ce test. L'une des personnes doit être connue du cochon d'Inde. Se placer dans des coins opposés de l'enclos et appeler tous les deux le cochon d'Inde en ne lui donnant qu'un seul morceau de carotte. Au début, il accourra naturellement vers son maître. Lui donner la récompense la première fois pour ne pas le décevoir, ensuite seul le partenaire inconnu de l'animal doit lui proposer à manger. Changer de temps en temps de place.

Résultat du test :

son écorce ou un morceau de bois équarri de 15 cm de diamètre environ, une plaque de contreplaqué ronde ou carrée de 40 cm de diamètre environ, 2 ou 3 longues vis à bois et un foret à bois.
Construction : Percer des trous à différentes hauteurs dans la partie supérieure (à partir de 12 cm) de la fourche ou du morceau de bois, visser la fourche ou le morceau de bois sur la plaque de contreplaqué. C'est fini. Garnir l'arbre à ronger de diverses gourmandises saines comme des carottes, du persil, du pissenlit; les cochons d'Inde se dresseront et s'étireront avec enthousiasme pour les attraper.

La bascule

Elle exerce le sens de l'équilibre des petits animaux. L'important est qu'elle bascule lentement vers le bas lorsque les cochons d'Inde marchent dessus. Ici comme ailleurs, une petite friandise aidera à les motiver. Cet appareil est lui aussi facile à construire (→ photo page 101).
Matériel nécessaire : Un petit tronc d'arbre de 16 cm de long et 12 cm de diamètre environ, une planche de 2 cm d'épaisseur environ, large de 14 cm et longue de 65 cm environ, 9 branchettes fines de chacune 14 cm de long, 2 longues vis à bois et 2 plus petites pour chaque branchette, une scie et un tournevis.
Construction : Visser les petites branches sur le « podium » à environ 5 cm d'intervalle, elles empêcheront le cochon d'Inde de glisser. Scier le tronc à un tiers de sa longueur environ et visser le « podium » sur le dessus aplani. C'est fini.

Le parcours de santé

Les cochons d'Inde ont besoin de mouvement, c'est important pour eux. Ci-dessous, la description d'un petit parcours de santé à cet effet (→ photo page 101).

Matériel nécessaire : Une planche de 70 cm de long et 14 cm de large pour tenir lieu de support, 4 morceaux de branches de 4 cm de diamètre et 24 cm de haut environ, des vis à bois et un tournevis.

Construction : Visser les branches sur la planche à 13 cm d'intervalle environ. C'est fini. Attirer le cochon d'Inde avec des petites douceurs comme une tige de persil pour le faire slalomer entre les branches.

« La montée au ciel »

Un escalier en blocs de béton cellulaire poreux (Ytong, dans les grands magasins de bricolage) maintient en forme et constitue à la fois un belvédère et un solarium (en enclos extérieur).

Matériel nécessaire : Trois blocs de béton cellulaire poreux (Ytong) de dimensions différentes, un bloc de base de 7 cm d'épaisseur environ, de la peinture et un pinceau.

Construction : Scier les blocs de béton aux bonnes dimensions et lisser leurs arêtes vives avec une lime à bois. Comme le matériau s'effrite, les peindre avec une peinture non toxique, superposer les marches. C'est fini. Vérifier que l'escalier est bien stable.

Autres idées d'occupation

Obstacles à sauter : Les cochons d'Inde apprennent rapidement à passer des obstacles, surtout si une récompense les attire de l'autre côté. Bien sûr, les obstacles ne doivent pas être trop hauts, 10 cm suffisent au début.

Tunnels d'herbe : On les trouve en animalerie. Les animaux peuvent ramper à travers. Pour les rendre plus attirants, en frotter l'intérieur avec, par exemple, la litière de la cage.

Course au trésor : Cacher des friandises à différents endroits de l'enclos, la recherche divertira les cochons d'Inde et les maintiendra en forme.

Labyrinthe de tubes : Utiliser des rouleaux de carton en guise de barrière ou à traverser, cela éveille la curiosité des cochons d'Inde. On peut réaliser de véritables labyrinthes en rouleaux de carton.

Le cochon d'Inde doit se donner du mal pour atteindre la salade dans la boule, cela le maintient en forme et lui offre une distraction.

Questions-réponses : activité et bien-être

Pourquoi mes cochons d'Inde s'immobilisent-ils parfois brusquement sans raison apparente ?

Il y a toujours une raison lorsqu'un cochon d'Inde se fige ainsi sans prévenir. Les spécialistes appellent ce comportement « freezing », ou « gel ». L'animal a sans doute entendu des bruits imperceptibles à notre oreille qui l'ont effrayé, l'immobilisation est une réaction typique dans ce cas. Les cochons d'Inde entendent notamment mieux que nous les sons à haute fréquence.

Je crois que l'un de mes cochons d'Inde est plus intelligent que l'autre, est-ce possible ?

J'ai souvent constaté des différences en essayant d'apprendre quelque chose à mes cochons d'Inde. Mais il faut rester prudent et se méfier des généralisations en ce qui concerne l'intelligence des animaux. En effet, ils ont, comme nous les hommes, leurs forces dans certains domaines. Certains cochons d'Inde apprendront rapidement à appuyer sur une touche, tandis que d'autres se révéleront de véritables maîtres du labyrinthe et ne perdront jamais leur orientation dans les dédales les plus confus. Une chose étonnante et difficile à croire : les mâles castrés viennent plus facilement à bout de certains problèmes.

À quel âge les cochons d'Inde arrêtent-ils de jouer ?

En règle générale, la phase de jeu prend nettement fin à la maturité sexuelle des animaux, chez les cochons d'Inde aussi. Cependant, s'ils sont suffisamment sollicités, les sujets plus âgés peuvent continuer à jouer de temps en temps. On a constaté aussi que les animaux domestiques jouaient plus longtemps que les animaux sauvages. Dans la nature, la plupart des animaux ne jouent que pendant leur enfance et leur jeunesse sous la protection de leurs parents, c'est une occupation beaucoup trop risquée pour les sujets plus âgés qui savent bien qu'en jouant, on s'oublie soi-même et son environnement et on peut devenir une proie facile.

Mes cochons d'Inde disposent d'un grand enclos mais ils ne l'utilisent pas et restent tout le temps dans leur cabane !

C'est rare et donne à supposer que vos animaux ont peur de quelque chose. Un test pour le vérifier : installer l'enclos à un autre endroit et proposer aux animaux des jouets passionnants, comme par exemple un pont à parcourir ou un tube de liège à traverser en rampant. Répartir des friandises dans l'enclos et accrocher à la grille un petit bouquet de savoureuses herbes qu'ils ne pourront atteindre qu'en s'étirant. S'ils résistent encore, c'est peut-être le chien du voisin ou un chat qui les effraie.

Est-ce contre nature d'apprendre à ses cochons d'Inde à faire le beau ?

Pas du tout. Tout ce qui occupe son corps et sa tête fait du bien au cochon d'Inde. En principe, un tel exercice, comme tout bon dressage, ne fait de toute façon que solliciter une disposition que l'animal possède déjà : faire le beau appartient au répertoire comportemental génétique des cochons d'Inde. Dans la nature aussi, ils se tiennent debout sur leurs pattes arrière pour, par exemple, attraper une branche à manger.

La méthode la plus rapide consiste à tenir une carotte à hauteur du museau de l'animal, puis à la lever lentement. Le cochon d'Inde essaiera d'attraper la carotte et finira par se tenir un court moment sur ses pattes de derrière. S'il y arrive, le complimenter sans réserves et, bien sûr, le récompenser avec la carotte.

Mon fils a 8 ans et essaie de jouer les maîtres d'école auprès de ses cochons d'Inde, est-il trop jeune pour cela ?

Certains enfants ont un talent particulier pour se mettre à la place de l'animal et ressentir intuitivement ce qu'il veut et ce qu'il a l'intention de faire. Il en résulte une relation étroite qui favorise le processus d'apprentissage. Les cochons d'Inde sont des animaux patients et pacifiques, ce qui facilite leur dressage. Il n'y a donc pas de crainte à avoir que votre fils ne se blesse, gardez néanmoins un œil sur les deux amis car les enfants peuvent brusquer les animaux sans le vouloir, auquel cas le caractère conciliant du cochon d'Inde lui sera fatal. En effet, les petits rongeurs ne peuvent pas exprimer leur mauvaise humeur, ni en mordant, ni en grognant. Pour plus de sûreté, montrer à votre fils comment traiter les animaux avec ménagement et affection, lui apprendre à les tenir de manière sûre et à repérer les moments où ils ont besoin d'une pause. S'il comprend, plus rien ne s'oppose à son dressage des cochons d'Inde.

Mes deux cochons d'Inde sont plutôt paresseux et mollassons, que puis-je faire ?

Chez les cochons d'Inde comme chez tous les animaux, il existe différents tempéraments. La paresse ne doit cependant pas aller trop loin, elle nuit sinon à la santé des animaux, car une activité insuffisante est souvent cause d'obésité. Que faire? Inciter les animaux tous les jours à faire de l'exercice en les attirant avec des friandises, placer leurs repas en hauteur, par exemple sur un pont de bois sur lequel ils devront sauter ou qu'ils devront parcourir, ou le disperser dans tout l'enclos, le tout selon la devise : pas de récompense sans effort !

7 La famille s'agrandit

Les cochons d'Inde sont des animaux très féconds et leurs petits sont les plus mignons des bébés. Mais qu'en faire ? Mieux vaut y réfléchir avant pour être sûr de trouver à chacun un foyer où il se sentira bien.

La formation du couple

Aucun éleveur responsable ne se permet une reproduction sauvage de ses animaux. La naissance de petits cochons d'Inde en bonne santé doit être programmée et nécessite quelques préparatifs. Dans ces conditions, et seulement dans ces conditions, plus rien ne s'y oppose.

IL EST SANS AUCUN DOUTE PASSIONNANT de vivre l'ensemble du cycle biologique du cochon d'Inde (accouplement, gestation, naissance et élevage des petits). Mais avant de se lancer dans cette aventure, certains points doivent être soigneusement pensés et organisés.

Que faire des petits ?

Tous les amis des animaux et des cochons d'Inde tiennent au bien-être de leurs protégés. Aussi, avant d'adopter des cochons d'Inde, ne pas oublier qu'ils peuvent avoir un grand nombre de petits (→ page 115).

Beaucoup de ces malheureuses naissances se produisent dans des conditions d'élevage insuffisantes. Les petits les plus chanceux trouvent alors une place dans un refuge pour animaux où ils sont bien soignés, mais c'est une situation qui doit rester provisoire : une institution qui se fixe comme objectif d'aider les animaux en difficultés ne saurait constituer un domicile permanent pour ces derniers et assumer à leur place les responsabilités des éleveurs qui exigent trop d'elle.

À chacun de prendre ses responsabilités et de ne faire se reproduire des cochons d'Inde qu'après avoir réglé les conditions de vie des futurs petits. Si vous décidez de garder les petits, assurez-vous de disposer de suffisamment d'espace : une portée peut compter trois ou quatre bébés.

Outre la question de la place, des difficultés peuvent surgir au sein du groupe. En effet, les jeunes cochons d'Inde mâles auront du mal à s'intégrer et devront éventuellement être donnés ou castrés (→ page 115). Par conséquent, mieux vaut réfléchir à deux fois avant de se heurter à de tels désagréments. Et même si les petits trouvent un nouveau foyer, il est important de s'assu-

Cette femelle en fin de gestation va bientôt accoucher, elle a désormais besoin du plus grand calme

rer que leur nouveau maître assumera pleinement ses responsabilités, qu'il ne s'est pas décidé sur un coup de tête ou sous la pression de ses enfants.

Je ne donne personnellement mes petits cochons d'Inde à des particuliers que lorsque je sais exactement où les animaux vont passer leur vie, je refuse de les céder à des animaleries. Non qu'ils n'y soient pas bien traités, mais ce n'est là aussi qu'un domicile provisoire qui imposera aux animaux de s'adapter trois fois à un nouvel environnement en peu de temps (de leur lieu de naissance à l'animalerie, puis à leur nouveau foyer) et c'est une épreuve qu'il vaut mieux éviter à ces grands sensibles.

Il arrive aussi que de petits parcs animaliers accueillent avec plaisir les jeunes animaux dont ils ont besoin pour éviter les unions consanguines. Vérifier alors que les enclos sont aménagés de manière satisfaisante et si oui, c'est une bonne solution pour une portée indésirable. Pour éviter un éventuel choc ultérieur en cherchant en vain ses animaux, se faire confirmer par écrit qu'ils ne serviront pas de repas à un élevage de carnassiers.

La santé des parents

Une fois la question du séjour des petits réglée, il convient de s'assurer que les futurs parents se prêtent à la procréation. En effet, la mise au monde de petits nécessite beaucoup d'énergie, et donc des parents en bonne santé et éveillés.

Poids : Il en dit long sur l'état de santé des animaux. Vérifier qu'il reste constant pendant deux à trois semaines (→ page 86), les mâles doivent peser au moins 500 g, les femelles au moins 700 grammes. La gestation est risquée pour les femelles souffrant de troubles pondéraux et pesant pus de 1 000 g, mieux vaut leur épargner la reproduction.

Maturité reproductrice : L'âge des cochons d'Inde joue lui aussi un rôle important pour la reproduction. Ne pas faire couvrir les femelles avant cinq à six mois, mais pas après huit à douze mois

LE SAVEZ-VOUS ?

Les cochons d'Inde femelles ont un hymen

Chez de nombreuses espèces animales, le vagin des femelles est obturé jusqu'au premier accouplement et reste ensuite ouvert. Chez les cochons d'Inde, il ne s'ouvre que pendant les chaleurs des femelles et se ressoude ensuite. L'un des rôles de l'hymen est de protéger le jeune organisme en empêchant les agents pathogènes de pénétrer dans le vagin. Le risque est ensuite moins important, car les germes sont évacués avec les saignements.

Seuls des **parents sains** donnent naissance à des petits sains. Veiller impérativement à choisir les animaux reproducteurs en conséquence.

pour la première portée. L'intervalle de temps entre les naissances ne doit pas excéder sept mois, les os du bassin risquent sinon de se solidifier et de se souder (→ page 114). Les mâles ne doivent pas procréer avant six à sept mois.

Maladies héréditaires : Comme tous les êtres vivants, les cochons d'Inde peuvent être atteints de maladies dues à un programme génétique défectueux.

Notre état de santé présent et futur est en grande partie codé par la molécule de l'hérédité bien connue ADN, à la manière d'un programme informatique contenant des informations bien précises; des caractéristiques telles que, par exemple, la présence de cinq doigts à chaque main sont stockées dans l'ADN. Les hommes à six doigts sont rares, ils résultent de modifications de l'ADN, et donc des informations qu'il contient (un peu comme une faute de frappe dans un texte lorsque, par exemple, le mot « balle » devient « malle » ou « salle »), un simple changement de lettre de l'alphabet génétique entraîne des conséquences importantes.

Les maladies héréditaires sont dues à de telles modifications des informations génétiques transmises de génération en génération. On en connaît quelques-unes chez l'homme et chez le cochon d'Inde. Si un animal présente des malformations, par exemple une malposition dentaire, un nombre inexact de griffes ou un autre handicap, ne surtout pas l'utiliser pour la reproduction.

Facteur létal : Attention à la reproduction des cochons d'Inde blancs ou dalmatiens. Leur patrimoine génétique contient ce qu'on appelle un facteur létal, un gène à l'origine de malformations et de mort-nés.

Pour être certain que des cochons d'Inde ne sont pas porteurs de ce gène, la seule solution est une analyse de leur pedigree : en l'absence de mortalité et de malformations répétées chez les grands-parents, arrière-grands-parents, etc., on peut être presque sûr qu'ils sont sains. Les bonnes animaleries et les éleveurs veillent également à ce que les animaux qu'ils vendent ne soient pas des porteurs sains de ce gène létal.

Ces petits de trois jours ressemblent déjà à des animaux adultes.

Génétique : Comment les qualités et les caractéristiques d'un sujet sont-elles transmises à sa descendance? Chez les êtres vivants supérieurs, les gènes contenus dans les cellules sont présents en double et transmis par le père et par la mère. Ils sont stockés dans les chromosomes, comparables à des ficelles semées de nœuds formant une véritable écriture, chaque nœud, ou mot, est un gène. Mais tous les gènes ne sont pas égaux, certains sont dominants, d'autres récessifs.

Le gène responsable de la couleur de poil blanche et le facteur létal sont localisés sur un même chromosome. La transmission de la couleur dalmatienne ou blanche est dominante et les sujets sains atteints de cette malformation sont ceux porteurs d'un gène dominant et d'un gène récessif (hétérozygotes), leur poil présente un motif visible.

Si un animal possède deux gènes récessifs (homozygote), il est uni et sain. Les sujets malades sont ceux qui ont la malchance de porter deux gènes dominants, ils présentent pour la plupart des malformations.

Mieux vaut donc éviter la reproduction de cochons d'Inde blancs et dalmatiens et pour cela, la seule solution est la castration (→ page 115).

L'art de venir au monde

J'ai assisté à de nombreuses naissances de cochons d'Inde à l'aube ou pendant la nuit, mais sans jamais avoir l'impression de difficultés pour la mère ou les petits. C'est d'autant plus étonnant que les cochons d'Inde naissent dans un état de développement presque achevé.

Ils sont entièrement velus, leur denture est formée et ils voient. Et s'ils sont encore légers par rapport à la mère, ils pèsent quand même déjà de 60 à 80 grammes. En principe, plus le développement d'un petit d'animal est avancé à la naissance, plus l'accouchement est difficile.

Les cousins rats ou souris du cochon d'Inde connaissent donc moins de difficultés avec leurs minuscules bébés nus et aveugles. Le travail ne commence qu'ensuite pour la mère qui doit s'activer à nourrir ces bouches affamées. La mère cochon d'Inde, de son côté, a alors le plus gros (→ La gestation, page 113) derrière elle, mais avant d'en arriver là, la biologie doit jouer son rôle.

La parade et l'accouplement

Les cochons d'Inde mâles sont des amants empressés. Dès que le parfum de leur bien-aimée touche leurs narines, plus rien, ou presque, ne les détourne de leur objectif.

S'ils sont trop indisciplinés et que la femelle n'est pas encore d'humeur, elle tente de les repousser en ruant des pattes arrière ou, si elle n'y arrive pas,

ASTUCE

Les signes de gestation

Deux semaines après l'accouplement, la femelle ne peut plus cacher son gros ventre, mais la balance trahit aussi la gestation. Attention aux accidents lors de la pesée (→ page 86) ! Six à sept semaines avant la naissance, les mamelles de la mère commencent également à enfler.

Quand on est petit, tout ce qu'on trouve est source d'intérêt.

elle lève brusquement l'arrière-train le plus haut possible et lance un jet d'urine presque horizontal vers l'arrière, une méthode de défense efficace.

Parade : Si la femelle est consentante, le mâle la flaire sur le nez puis hoche la tête et flaire ses flancs, son dos, les côtés de sa tête et enfin ses parties génitales. Il l'encercle au ralenti et pousse un cri sonore, puis se met à l'agacer et la taquiner. Si elle reste assise, il l'encercle sans fin en sortant les testicules à intervalles rapprochés. S'il arrive à ses fins, le mâle tente alors de chevaucher la femelle.

Accouplement : La femelle montre sa bonne volonté en tendant les pattes arrière et soulevant ses parties génitales. L'accouplement dure entre un quart et une demi-minute.

Ensuite, chaque partenaire lèche ses parties génitales pendant une pause d'une minute ou plus avant un nouvel accouplement.

Pour être sûr que seuls ses gènes seront transmis à la prochaine génération, le mâle obstrue le vagin de la femelle avec un bouchon muqueux qui tombe au bout de quelques heures : il est ainsi certain de sa paternité.

La gestation

La gestation de 68 jours en moyenne (de 64 à 72) est en soi presque un miracle, comme l'illustrent quelques chiffres : un bébé cochon d'Inde pèse à la naissance de 60 à 80 g, si la portée en compte trois, la mère porte donc 180 g (malgré son propre poids plutôt réduit). C'est un chiffre énorme qui correspond à environ un tiers de son poids. À titre de comparaison, un bébé humain pèse environ 5 kg, sa mère environ 60 kg, soit douze fois plus. La différence saute aux yeux, mais ce qui reste invisible, c'est l'augmentation énorme du métabolisme.

Une femme enceinte voit ses besoins en calcium et produits stimulants se multiplier, car ce qu'elle ne lui fournit pas, le bébé le prélève sur elle et peut, par exemple, s'attaquer aux os de sa mère. Chez les cochons d'Inde, ces besoins accrus atteignent des proportions difficilement imaginables.

Comment nourrir la femelle en gestation : Pendant sa gestation, la femelle a besoin d'au moins 20 mg de vitamine C par jour et de plus de granulés et de produits frais. Elle détermine elle-même les quantités en vidant aussitôt sa mangeoire, il est cependant impossible d'indiquer une valeur plus précise, car cela dépend du métabolisme de la mère et du nombre de petits. Mais pas d'inquiétude, les signaux envoyés par les animaux sont faciles à comprendre.

Comment tâter les petits : Dès quatre semaines de gestation, on peut tâter prudemment les petits dans le ventre maternel et on perçoit leurs mouvements à partir de sept semaines. Attention cependant : ne porter une femelle en gestation qu'avec la plus grande prudence et uniquement si c'est absolument nécessaire. Si la curiosité reste la plus forte, on peut sentir les petits en touchant doucement le ventre de la mère pendant qu'elle mange et le caressant avec l'index.

Que ressent le petit dans le ventre de sa mère : On ne le sait pas encore avec précision, mais grâce à Sylvia Kaiser de l'équipe de Norbert Sachser, un pas décisif a été franchi.

Sa découverte a également des conséquences pratiques pour les éleveurs. Elle s'est rendu compte que les filles de mères cochons d'Inde vivant en milieu instable montraient des traits de caractère masculins.

Un milieu est dit instable lorsque les animaux changent souvent de groupes. Ces filles jouent les machos et présentent un comportement de parade, elles sont plus agressives envers les autres membres du groupe, à l'instar des mâles. Pour éviter d'accueillir sans le vouloir une femelle trop insupportable, demander à l'éleveur où et comment a vécu sa mère pendant la gestation.

La naissance

Rien, ou presque, dans le comportement de la mère ne permet de déduire la date de l'accouchement. Beaucoup d'autres rongeurs construisent un nid ou creusent un trou avant la mise bas, mais pas les cochons d'Inde.

Il n'est donc pas nécessaire d'aménager un abri supplémentaire réservé à la femelle en gestation, une cage spacieuse suffit. De fait, il est difficile de prévoir la date de naissance des petits, l'élargissement de la ceinture pelvienne et les tâtonnements en donnent tout au plus une idée.

Entre les os du bassin se trouve une fente appelée symphyse pubienne, elle est maintenue en place par des ligaments et peut s'élargir de 1,5 à 2 cm avant la naissance.

Une telle ouverture est quasiment unique dans le règne animal et peut être fatale à la mère et à l'enfant, car si la femelle connaît son premier accouchement à plus de dix ou onze mois, il se peut que les ligaments ne soient plus suffisamment élastiques ou que la symphyse soit sclérosée, ce qui entraîne la mort de la mère.

Pour cette raison, toujours faire couvrir les femelles en temps voulu, et en aucun cas après huit à dix mois (→ page 111).

Accouchement : Les contractions commencent 20 minutes environ avant l'accouchement. La femelle s'accroupit et pousse, les pattes arrière s'écartent et le petit sort la tête la première.

La femelle tire alors le nouveau-né sous son ventre entre les pattes arrière et avant et le dégage de l'enveloppe fœtale, puis le lèche sur tout le corps. Si le père est présent, il aide parfois à ce nettoyage,

Les petits cochons d'Inde mangent des aliments secs dès leur premier jour.

mais il est alors grand temps de le séparer de la mère, car elle sera de nouveau en chaleur entre 1,5 et 13 heures après son accouchement.

Taille des portées : Le nombre de petits dépend beaucoup de la constitution physique et de l'âge de la mère. Le nombre moyen est de 3,1. Il serait beaucoup plus élevé si 25 % des embryons ne mouraient pas dans le ventre de la mère, pour laquelle ils ne représentent cependant aucun danger particulier.

Conseil : Les femelles n'ont généralement qu'un ou deux petits la première fois. Un délai de grâce que la nature n'offre plus ensuite, les portées suivantes comptent souvent quatre petits ou plus.

Pause de reproduction : Offrir aux cochons d'Inde femelles des pauses entre chaque gestation ne peut que leur faire du bien. Elles ne devraient pas avoir de petits plus d'une ou deux fois par an. Or, en règle générale, une femelle est en chaleur tous les 18 jours.

La castration

Elle marque sans aucun doute un profond tournant dans la vie du cochon d'Inde. Il s'agit pour les mâles de leur retirer les testicules, afin que leur organisme cesse de produire de la testostérone, l'hormone masculine.

L'opération a en règle générale des conséquences sur le comportement des animaux et les bagarreurs les plus acharnés deviennent ensuite de paisibles compagnons. L'objectif principal de la castration reste cependant contraceptif. L'opération fait l'objet de nombreuses controverses, elle ne me semble pas moins légitime pour éviter les naissances permanentes.

La castration des femelles, qui consiste à leur retirer leurs ovaires, implique une intervention plus complexe et plus risquée que celle des mâles.

Une fois la décision prise de ne pas faire se reproduire ses cochons d'Inde, chercher un vétérinaire expérimenté qui sera en mesure de pratiquer l'opération et l'anesthésie dans les règles de l'art. Le petit patient reste le plus souvent chez le vétérinaire jusqu'à son réveil, le placer ensuite dans une cage garnie de serviettes pour éviter que la blessure ne soit souillée par la litière.

Pour être sûr d'éviter les naissances indésirables, laisser le mâle séparé de sa bien-aimée pendant encore six semaines après l'opération.

Les petits cochons d'Inde ressemblent à des adultes en miniature. Tout de suite après la naissance, ils fuient le nid et partent à la découverte de leur environnement proche.

Le développement des petits

Les petits cochons d'Inde naissent dans un état de développement presque achevé. Ils n'en doivent pas moins apprendre eux aussi à trouver leurs repères dans la vie. Les aider à y parvenir et les observer rendent l'élevage de petits une tâche particulièrement intéressante.

LES COCHONS D'INDE sont considérés comme des parents dénaturés, mais c'est une impression trompeuse et aussi fausse que la désignation elle-même, car les mères dites dénaturées font en fait tout pour leurs rejetons. Elles s'en occupent avec amour et, si elles s'investissent moins par rapport aux rates et aux souris, c'est parce que les petits viennent au monde dans un état de développement déjà très avancé (→ page 112).

Les quatre premières semaines

Dès après la naissance, les petits font eux-mêmes leur toilette, rien d'étonnant donc si on voit rarement leur mère les lécher. Elle les allaite cependant jusqu'au 19e ou au 28e jour.

La mère a deux mamelles à proximité de l'aine. Cela peut paraître bien peu pour, par exemple, quatre bébés, dont deux seraient toujours perdants.

Mais cela n'a pas beaucoup d'importance chez les cochons d'Inde, car les petits consomment des aliments solides dès le premier jour : deux des bébés peuvent téter et les deux autres goûter leur première verdure pendant ce temps. L'idéal est que d'autres mères du même groupe aient elles aussi des petits au même moment.

Les bébés ont alors un plus grand nombre de mamelles à leur disposition et, si celles de leur mère sont occupées, ils peuvent tenter leur chance chez leur tante. Bien entendu, cela n'est possible que parce que les mères cochons d'Inde allaitent aussi les petits inconnus, mais uniquement ceux de leur clan, les petits de mères appartenant à un autre groupe sont chassés, même s'ils ont été préalablement frottés avec de la litière de la cage, et les mères semblent distinguer parfaitement les petits de leur clan et ceux d'un autre.

Au bout de 21 à 30 jours, la mère ferme le robinet de lait. Les petits, qui pèsent alors 160 g environ, se trouvent désormais livrés à eux-mêmes. Le flux de lait se tarit chez la mère à ce moment.

ASTUCE

Séparer les familles

Les femelles atteignent leur maturité sexuelle entre trois et cinq semaines, les mâles entre sept et huit semaines. Séparer par conséquent les parents comme les frères et sœurs à temps pour éviter toute naissance ultérieure. La castration des mâles peut aussi aider (→ page 115).

Si la mère cochon d'Inde est apprivoisée, elle accepte qu'on touche ses petits.

Les petites canailles

Que fait un petit entre sa naissance et son autonomie ? Comme tous les enfants, il joue. Son amusement préféré consiste à bondir et faire des crochets en l'air, on le voit alors faire des sauts courts exagérément hauts à travers toute la pièce ou partir à la verticale.

Les frères et sœurs restent en contact étroit les uns avec les autres et s'assurent de leur présence mutuelle par des cris sonores de communication. Les petits du même âge forment de véritables bandes qui ne se quittent jamais, dormant et se reposant blottis les uns contre les autres. Confrontés au choix entre leur mère ou le groupe, les jeunes préfèrent le groupe.

Pendant ce temps, que fait la mère ? Elle garde toujours un œil sur ses rejetons et arrive en courant au moindre couinement. Les cris d'effroi la mettent en alerte, elle laisse tout tomber et se précipite vers son petit, n'hésitant pas à bousculer et à battre les mâles qui importunent ce dernier. Les deux chercheurs comportementaux Peter et Irene Kunkel ont observé une mère boxer un hamster doré qui mordait l'un de ses petits. On pourrait penser que c'est bien naturel, il n'en est pourtant rien chez les cochons d'Inde domestiques qui ne mordent sinon pas les autres animaux, victimes d'un blocage dû à des siècles d'élevage, car leurs cousins sauvages, eux, mordent sans hésiter.

La mère et ses petits restent attachés l'une aux autres. Ils se saluent après une longue séparation en se flairant longuement le museau. L'enfance des cochons d'Inde est courte, seules quelques semaines séparent leur naissance de l'âge adulte.

Maturité sexuelle : Les mâles atteignent leur maturité sexuelle entre la 6e et la 10e semaine, ils peuvent se reproduire dès 2,5 mois. Les femelles connaissent leur première ovulation dès quatre semaines et leur premier accouplement doit avoir lieu avant la fin de leur 12e mois (→ page 111).

L'élevage à la main

Par rapport à d'autres animaux, les cochons d'Inde sont faciles à élever à la main car ils sont déjà presque totalement développés à la naissance et se nourrissent eux-mêmes peu après.

Les petits ont néanmoins besoin d'un ersatz de lait maternel la première semaine. Pour cela, on conseille le mélange suivant : 700 g de lait de vache, 50 g de jaune d'œuf, 150 g de crème à 30 % de matière grasse, 50 g d'huile de tournesol, 20 g de mélange de minéraux vitaminé et un peu de vitamine C. L'administrer aux bébés de préférence deux à trois fois par jour en portions de 5 à 20 g selon leur appétit.

D'un seul coup d'œil : le développement des petits

Les congénères

Dès les premières heures de leur vie, la présence de congénères est très importante pour les cochons d'Inde. Elle leur donne un sentiment de sécurité et leur permet d'apprendre les règles de la vie en groupe.

Les premières heures

Dès que sa mère l'a débarrassé de son enveloppe fœtale et léché pour le sécher, le bébé cochon d'Inde part à la découverte. Tous ses sens sont déjà parfaitement développés.

Mère et enfant

La mère et ses petits sont liés par un lien très fort. Ils se communiquent mutuellement l'endroit où ils se trouvent par des cris sonores et si la mère est trop loin, le petit attire son attention par un couinement.

Manger seul

Bien que les petits soient encore allaités par leur mère, ils se nourrissent aussi déjà eux-mêmes. Le lait maternel ne suffit pas à couvrir leurs besoins énergétiques.

Jouer

À peine nés, les petits cochons d'Inde jouent déjà longuement. L'un de leurs jeux préférés consiste à sauter en l'air, ce qui leur permet d'exercer leurs muscles et leur habileté.

Cet aliment liquide très énergétique est extrêmement important, car les petits cochons d'Inde se dépensent déjà beaucoup, ils peuvent se déplacer sans réserves et maintenir une température corporelle constante de 38 degrés.

Pour s'épargner un travail inutile, on peut diviser une grosse portion en plusieurs plus petites et la congeler, puis chauffer au besoin une portion individuelle à la température du corps et en nourrir les petits.

Conseil : Le lait de vache ne peut malheureusement pas être administré pur aux petits cochons d'Inde, car sa composition diffère trop de celle de leur lait maternel, et on ne trouve pas encore de succédané de lait de cochon d'Inde dans les animaleries.

Comment nourrir un petit cochon d'Inde ?

Quelques heures à peine après leur naissance, les cochons d'Inde savent déjà boire dans une assiette. Mais à cet âge, ils sont souvent très individualistes et il arrive qu'ils refusent l'assiette. Dans ce cas (d'urgence) la seule solution est une alimentation forcée au moyen d'une pipette. On peut acheter la pipette en animalerie ou en pharmacie. Procéder avec précaution, le mieux est de s'y prendre à deux pour prévenir tout risque d'étouffement : une personne tient le petit, tandis que l'autre lui instille doucement de petites gorgées de lait.

MON ANIMAL DOMESTIQUE

Les mères cochons d'Inde sont-elles dénaturées ?

Les petits cochons d'Inde viennent au monde déjà presque adultes. Leur mère ne s'en occupe-t-elle pas pour autant ? Testez l'amour maternel des cochons d'Inde.

Début du test :

Noter tous les comportements observés chez la mère et son petit pendant une heure. Observer combien de temps ils passent ensemble, à quelle fréquence la mère lèche ses petits et si elle marque une préférence pour l'un d'entre eux. Retirer un bébé de la cage et noter si les deux animaux s'appellent. Et maintenant, êtes vous déçu ou plutôt surpris de voir tout ce que font les mères cochons d'Inde pour leurs petits ?

Résultat du test :

À six semaines, les petits cochons d'Inde peuvent être remis entre les mains de maîtres dignes de confiance.

À quel moment donner les petits ?

Les experts ne sont pas unanimes sur cette question. Les uns plaident pour le plus tôt possible, une semaine après la naissance environ, afin d'habituer les petits rapidement à leur nouveau maître. Les autres, dont je fais partie, préfèrent plus tard.

En effet, l'enfance est un moment important dans la vie d'un cochon d'Inde, c'est pendant son enfance qu'il apprend les règles du groupe et comment s'y comporter, au cours d'une sorte d'auto-évaluation de son rôle (→ page 19).

Je suis convaincu que cette expérience contribue au bien-être futur de l'animal. Je ne donne les miens qu'à deux semaines, une fois qu'ils sont sevrés, et je n'ai jamais eu de problème.

Ils sont peut-être un peu plus difficiles à apprivoiser, mais ce n'est rien face aux avantages qui dominent par ailleurs : aucun de mes animaux n'est sujet à des troubles du comportement.

Pour cela, les petits ont besoin de soins intensifs. On peut les apprivoiser alors qu'ils vivent en groupe, leur apprendre à venir manger des friandises dans la main, les habituer à l'odeur et à la voix humaines en les prenant quatre ou cinq fois par jour dans ses bras pour les caresser et leur parler; un échange d'amitiés et de tendresse qui ne doit cependant pas durer plus de cinq à sept minutes.

8. En cas de problème

Même des animaux aussi paisibles que les cochons d'Inde peuvent poser problème. La plupart des difficultés sont cependant dues à une attitude inadaptée envers les animaux ou à des erreurs d'élevage.

À chaque problème sa solution

S'informer en détail sur la nature et les besoins des cochons d'Inde permet normalement d'éviter la plupart des difficultés. Il arrive cependant qu'un problème imprévu surgisse. Pour savoir comment le résoudre, lire les pages qui suivent.

SI VOUS N'AVEZ PAS ENCORE COMPRIS pourquoi les cochons d'Inde sont des animaux de compagnie si appréciés, le chapitre qui suit devrait vous y aider. La plupart des problèmes que cause leur élevage peuvent être résolus en un tour de main par la compréhension et l'amour. Peu d'animaux résistent autant aux troubles comportementaux que les cochons d'Inde. Leur seul talon d'Achille est leur fragilité au stress et la composition du groupe. Même chez les cochons d'Inde, la vie ne peut pas être tous les jours rose.

Si le partenaire meurt

Un partenaire cochon d'Inde peut mourir prématurément. Cela ne causera guère de problème s'il appartenait à un petit groupe, mais bien s'il vivait à deux avec le survivant. Nos petits animaux ont chacun leur personnalité et leurs sentiments et, si l'on ne sait pas exactement ce qu'ils ressentent, leur comportement permet souvent de le supposer. Le survivant est apathique et on le voit moins souvent arriver en trottant lorsqu'on l'appelle. Il donne l'impression du deuil, ou au moins que son partenaire lui manque. Que faire? Aucun doute à mon avis, il faut lui chercher aussitôt un nouveau partenaire. Ne pas s'attendre pour autant à un miracle, les deux animaux auront besoin de temps pour s'habituer l'un à l'autre (→ L'importance des congénères, page 20). Pour le nouveau venu, tout est nouveau et étranger, l'environnement comme le partenaire; les choses sont plus faciles pour le cochon d'Inde resté seul qui doit uniquement apprendre à connaître son nouveau partenaire. Mieux vaut amener un jeune cochon d'Inde au survivant, il s'adaptera plus facilement, même si la différence d'âge est importante.

Conseil : Plusieurs alternatives sont possibles (→ page 20), une seule ne l'est

Aucun cochon d'Inde n'aime la solitude. Lorsque son partenaire meurt, le survivant se sent très seul.

Cette petite boule de poils a tout juste quatre jours. Il explore avec curiosité le petit monde qui l'entoure.

pas : laisser le cochon d'Inde survivant seul. Bien sûr, on peut se dire que l'un des deux risque de se retrouver de nouveau seul dans quelque temps, lorsque le plus âgé mourra. C'est pourquoi mieux vaut dès le départ adopter un petit groupe de cochons d'Inde.

Si la cage est trop petite

Quand une cage est-elle trop petite? Du point de vue de l'homme, c'est une question difficile. Mieux vaut demander aux animaux eux-mêmes, c'est ce qu'a fait l'université de Berne, ou plus précisément le département de recherche comportementale dirigé par le professeur Tschanz. Les scientifiques ont comparé le comportement de cochons d'Inde dans trois cages de tailles différentes, aux superficies respectives de 60 x 80 cm, 80 x 120 cm et 120 x 160 cm. Tout le reste, du nombre d'animaux à l'aménagement de la cage, était identique. Les résultats parlent d'eux-mêmes et nous en disent long sur la vie intérieure des cochons d'Inde.

Les petites cages ont plus d'effet sur les mâles que sur les femelles, au moins en ce qui concerne le comportement de repos. En effet, les mâles s'évitent volontiers pour se coucher à distance suffisante l'un de l'autre, ce qui n'est pas possible dans une petite cage. Les animaux sont par conséquent plus agressifs et le contact entre les mâles se détériore. Les cochons d'Inde mâles sont des animaux distants, contrairement aux femelles qui sont des animaux de contact et aiment à se blottir les unes contre les autres, comme l'a constaté le professeur Hediger, célèbre psychologue animalier suisse. À cet égard, les femelles s'accommodent mieux de petites cages. Mais mâles comme femelles deviennent apathiques dans une petite cage, cessent quasiment tout déplacement, communiquent moins les uns avec les autres et s'intéressent moins à leur environnement.

Les cochons d'Inde ont besoin de **beaucoup d'espace**. Une cage trop petite nuit à leur bien-être.

Élever des cochons d'Inde trop longtemps dans de petites cages n'apporte donc qu'un plaisir limité. Un problème se pose par ailleurs qu'on rencontre aussi avec d'autres animaux : les cochons d'Inde auxquels est ouvert sans prévenir un grand espace ou un enclos

Avec une savoureuse feuille de pissenlit, il est très facile d'appâter un cochon d'Inde.

extérieur restent également apathiques, accroupis dans leurs petites cages. Ils doivent être habitués très lentement à ces meilleures conditions de vie. Pour cela, essayer de les attirer hors de la cage avec un morceau de carotte ou une autre friandise, les placer éventuellement avec soin à côté de leur cage familière et faire un chemin de morceaux de carotte qui mène de la petite cage à la grande. Les cochons d'Inde contraints de vivre dans une cage trop petite sont victimes de troubles du comportement, souvent difficiles à détecter. Si de nombreux autres animaux affichent leur frustration en s'automutilant, s'arrachant les poils, s'attaquant au mobilier de la cage ou parcourant sans cesse le même chemin à l'intérieur (ce que les biologistes comportementaux appellent des stéréotypies), ce type de comportement reste très sporadique chez les cochons d'Inde élevés dans de mauvaises conditions. On a vu certains s'arracher les poils ou ronger les barreaux de leur cage, mais c'est loin d'être la règle. Les cochons d'Inde semblent ravaler leur frustration et deviennent apathiques. Mieux vaut donc éviter les économies qui n'en sont pas et acheter dès le départ une grande cage à ses petits compagnons.

Si les cochons d'Inde engraissent par frustration

L'excès de poids peut avoir plusieurs causes, chez les hommes comme chez les animaux. Outre des facteurs génétiques, l'environnement social joue un rôle.

En ce qui concerne les cochons d'Inde, le biologiste Rüdiger Beer a fait l'impressionnante démonstration des effets d'un environnement social instable sur l'appétit des animaux : les femelles confrontées chaque jour à un partenaire inconnu mangent plus et grossissent.

Cette observation n'est qu'un petit résultat partiel, mais important, de ses recherches. Son travail a néanmoins de quoi susciter l'admiration : il a pris la peine d'observer des cochons d'Inde quotidiennement pendant toute leur vie, d'enregistrer leur comportement, d'analyser leur sang, de mesurer leur rythme cardiaque et de compter leur nombre de petits. Il a comparé des groupes de femelles qui ne changent jamais et d'autres qui accueillent chaque jour de nouveaux cochons d'Inde. Le changement permanent de congénères augmente l'hormone de stress et la fréquence cardiaque. Autrement dit, les animaux sont soumis à un stress permanent et, pour cette raison, ils mangent

◀ *Les enfants s'entendent parfaitement avec les cochons d'Inde si leurs parents leur ont appris une attitude responsable. Cet animal se laisse porter et soulever par sa petite maîtresse sans la moindre inquiétude.*

plus. Cela ne vous rappelle-t-il rien ? Le plus surprenant est que ces femelles, sur le plan statistique, ont autant de petits que celles qui passent toute leur vie dans le même groupe, bien qu'elles meurent un an plus tôt. Le stress réduit donc la durée de vie ou, selon la formule de Rüdiger Beer : vivre plus vite, c'est mourir plus tôt !

Conseil : Bien sûr, une cage trop petite, trop peu d'exercice, des stimulations insuffisantes et une alimentation trop calorique sont souvent aussi cause de surcharge pondérale. Si vos cochons d'Inde sont trop gros, vérifier les conditions d'élevage et mettre un terme aux mauvaises habitudes. Les cochons d'Inde ne doivent cependant en aucun cas connaître la faim, ils ont besoin pour l'essentiel d'aliments contenant de la cellulose brute comme le foin qui assure la continuité des mouvements intestinaux (→ La méthode ancestrale, page 66).

Si les cochons d'Inde ne sont pas dociles

S'il est rare que des cochons d'Inde ne puissent pas être apprivoisés, cela arrive néanmoins. Dans ce cas, vérifier qu'ils sont élevés dans de bonnes conditions. La cage est peut-être placée à un endroit qui inquiète les animaux ou les expose à des bruits excessifs auxquels ils sont très sensibles ? Le passé des cochons d'Inde peut aussi jouer un rôle. Certains mâles ont plus de mal à se socialiser que d'autres et ne peuvent donc entrer en relation avec l'homme, la seule solution dans ce cas est la patience et toujours la patience. Essayer de séduire les cochons d'Inde avec des friandises, ils finiront par reconnaître que la main qui les leur tend ne leur apporte que du positif.

TEST

Est-ce que mes cochons d'Inde vont bien ?

L'aspect général des animaux et certains comportements permettent de déduire s'ils vont bien ou pas.

	Oui	Non
1. Les cochons d'Inde ont-ils des contacts avec leurs congénères ?	○	○
2. Les animaux se tiennent-ils souvent l'un à côté de l'autre ?	○	○
3. Communiquent-ils par un langage sonore ?	○	○
4. Les cochons d'Inde se nettoient-ils le poil ?	○	○
5. Leur poil est-il épais et luisant ?	○	○
6. Les animaux explorent-ils longuement leur enclos ?	○	○
7. Les petits rongeurs flairent-ils les nouveaux objets placés dans la cage ?	○	○
8. Les cochons d'Inde se laissent-ils volontiers gratter et chatouiller ?	○	○
9. Leur poids reste-t-il constant ?	○	○
10. Les cochons d'Inde recherchent-ils le contact avec l'homme en émettant des sons divers ?	○	○
11. Les animaux tirent-ils pleinement profit des sorties qui leur sont offertes ?	○	○
12. Les cochons d'Inde s'approchent-ils joyeusement des barreaux de la cage lorsque vous les appelez ?	○	○

SOLUTION 12 « Oui » : vos cochons d'Inde vont le mieux du monde, ils prennent leur pied. 9 à 11 « Oui » : ils vont bien mais leur existence est troublée par quelque chose, trouvez ce que c'est. Moins de 9 « Oui » : les conditions d'élevage ne sont pas optimales.

Un groupe de cochons d'Inde se sent toujours le mieux dans son **environnement familier.** Pour cette raison, commencer suffisamment tôt à chercher un remplaçant pour les soigner pendant les vacances.

Si un cochon d'Inde s'est échappé

Les cochons d'Inde ne sont pas des rois de l'évasion comme les lapins. Ils ne creusent et ne fouillent pas la terre comme eux. Il peut néanmoins arriver que l'un d'entre eux se sauve, le plus souvent à la suite d'une négligence du maître, par exemple s'il oublie de fermer la porte de l'enclos. L'animal peut alors être très difficile à retrouver. Avant d'abandonner la partie, une idée qui a fait ses preuves : poser un magnétophone dans l'enclos et passer une cassette de cris de cochons d'Inde. Ne pas attendre un succès éclatant tout de suite, mon cochon d'Inde fugueur n'est arrivé en courant que lorsque j'ai commencé à passer la cassette plusieurs fois à deux minutes d'intervalle environ. L'effet des pauses reste inconnu mais on ne saurait trop recommander de conserver un enregistrement de ses cochons d'Inde, au cas où…

Les cochons d'Inde ont besoin de possibilités de cachette en cas d'inquiétude.

Vacances et voyages

Les vacances sont sans aucun doute le meilleur moment de l'année pour beaucoup d'entre nous, mais pas pour la plupart de nos animaux domestiques. Si un chien n'est pas gêné outre mesure de partir en voyage tant que son maître ou sa maîtresse reste près de lui, il n'en va pas de même des cochons d'Inde. Ils doivent en effet rester à la maison et s'adapter à une situation nouvelle. Cela n'est pas toujours facile et nécessite une organisation parfaite.

Trouver un remplaçant : Commencer tôt à chercher une personne de confiance pour soigner ses cochons d'Inde en son absence (→ Mémento pour le faire garder, page 136). Les cochons d'Inde sont le plus à l'aise dans leur environnement familier ; un nouvel endroit, les bruits ou les odeurs qu'ils ne connaissent pas leur font peur. On peut demander à des amis de s'occuper du groupe d'animaux pendant les vacances et si par malchance, comme cela arrive parfois, aucun n'est disponible, les étudiants ou les lycéens les plus âgés qui veulent gagner un peu d'argent de poche se sont souvent avérés fiables. Une annonce sur le tableau d'affichage de l'université ou du lycée suffit alors en général. Cette solution présente l'avantage de ne rien modifier à l'environnement des cochons d'Inde, sauf la personne qui en prend soin, et ils surmontent facilement la perte provisoire de leur maître s'ils restent avec leurs compagnons.

Mettre son remplaçant au courant : C'est en forgeant qu'on devient forgeron, c'est vrai aussi pour l'élevage de cochons d'Inde. Se faire accompagner de son futur remplaçant pour les soins quotidiens et tout lui expliquer en détail, de préférence plusieurs fois. Le mémento de la page 136 l'aidera à s'y retrouver plus facilement.

À éviter : Ne pas séparer un groupe car cela pourrait ensuite donner lieu à des bagarres, surtout entre cochons d'Inde mâles. Ne pas ajouter un groupe à un autre groupe de cochons d'Inde inconnus, par exemple chez des amis, les combats pour le rang hiérarchique de chacun ne tardent généralement pas, chez les mâles comme chez les femelles, et ils peuvent être sanglants.

C'est dans la nature des cochons d'Inde, même de ceux qui semblent parfaitement inoffensifs. Et même si le perdant reste tranquillement dans son coin et que la paix semble revenue, c'est une impression trompeuse : il est assailli intérieurement d'hormones de stress, un stress qui peut entraîner sa mort rapide.

Si vous ne trouvez vraiment personne pour s'occuper de vos animaux dans leur environnement familier, certaines animaleries, certains refuges ou certains cabinets vétérinaires proposent ce type de services. Mais, on l'a dit, c'est une solution de secours, mieux vaut tout faire pour laisser les animaux dans la cage ou l'enclos qu'ils connaissent, c'est le meilleur moyen de leur donner un sentiment de sécurité.

LE SAVEZ-VOUS ?

Les cochons d'Inde claquent des dents

Claquer des dents est un geste de menace émis le plus souvent avant un combat pour le rang hiérarchique entre mâles adultes et associé au redressement des pattes et du corps, l'animal se grandit pour en imposer à son congénère. Un cochon d'Inde peut aussi claquer des dents à l'intention de son maître s'il est fâché après lui, mais c'est plutôt rare.

Ce qu'il ne faut pas faire

De nombreux parents rapportent que les cochons d'Inde de leurs enfants fuient dans leur petite maison dès que ces derniers approchent trop. Ce comportement s'explique facilement : les cochons d'Inde ont fait de mauvaises expériences avec les enfants qui les ont peut-être emmenés partout avec eux ou manipulés sans ménagements.

Dans ce cas, essayer de trouver avec les enfants ce qui ne plaît pas aux cochons d'Inde, leur apprendre à s'approcher doucement des animaux et à ne pas leur parler trop fort (→ à partir de la page 59). Peut-être les cochons d'Inde peuvent-ils être appâtés avec une friandise ? Montrer aux enfants comment porter et soulever correctement les animaux (→ page 81). Faire reprendre confiance aux animaux peut parfois durer très longtemps.

Animal et éducation : Les animaux domestiques exercent souvent une influence positive sur les enfants. Ils leur montrent que les animaux eux aussi pensent, apprennent et éprouvent des sentiments. Il est indispensable d'apprendre à l'accepter pour les comprendre et les aimer comme il se doit, c'est vrai à tous les âges.

Mais plus l'expérience des animaux commence tôt, plus il est facile de respecter la nature et cela devrait être un objectif important dans l'éducation de tout enfant. Les enfants sont fascinés et attirés par les animaux. Ils voudraient sans cesse les caresser, les nourrir, jouer

▲

1 **Comment apprendre** à un cochon d'Inde à sauter par-dessus un obstacle ? Il doit d'abord savoir se dresser sur ses pattes arrière et pour cela, rien ne vaut une petite friandise.

2 **Une fois que le cochon d'Inde** se tient debout sur ses pattes arrière, retirer lentement la friandise, il suit la douceur qui s'éloigne et finit par sauter l'obstacle.

▼

L'ennui rend malade, de petits défis sportifs maintiennent en forme.

avec eux et les posséder. L'importance des animaux pour le développement personnel de l'enfant est aujourd'hui incontestée, la recherche s'est penchée sur cette question dans le monde entier et la réponse a toujours été la même, les animaux sont importants pour les enfants. Ils leur permettent d'acquérir une facilité de contact et un respect de l'autre. Les cochons d'Inde conviennent parfaitement à cet objectif car ils ne mordent généralement pas et ne peuvent représenter un danger pour les enfants. Ils sont dociles et se laissent volontiers caresser ou câliner. Pour en arriver là cependant, les enfants doivent d'abord apprendre à traiter correctement leur petit ami. C'est là que les parents sont mis à contribution, ils doivent initier leur rejeton aux soins appropriés du petit rongeur et éveiller en lui la compréhension de l'animal, l'enfant doit prendre conscience que les cochons d'Inde sont des êtres adorables, mais sensibles, et qu'il ne faut pas les traiter trop rudement.

Quand les cochons d'Inde vieillissent

Il est difficile de savoir combien de temps les cochons d'Inde vivent, car la littérature spécialisée donne des chiffres très variables. La moyenne pour les sujets domestiques est six à huit ans, avec un record de quinze ans. Les différences d'âge sont dues pour l'essentiel aux conditions de vie des animaux. Un élevage inadapté raccourcit considérablement leur espérance de vie car les cochons d'Inde sont extrêmement sujets au stress. On ne connaît aucune autre espèce animale dont les conditions d'élevage permettent de déduire aussi facilement l'espérance de vie. Les cochons d'Inde vivent presque deux fois plus longtemps que leurs parents proches les souris (quatre ans), les rats (trois ans) ou les hamsters (trois ans). On ne sait pas exactement quelle en est la raison, mais ce qui est sûr, c'est qu'aucun animal ne connaît une aussi longue vieillesse que l'homme. Les grands-parents animaux n'ont pas comme les nôtres la mission d'aider à éduquer les enfants et de transmettre des traditions, leur existence s'achève le plus souvent peu après la naissance de leurs derniers petits, ils ont alors rempli leur tâche de sauvegarde de l'espèce et de transmission de leurs gènes.

Comment lui dire adieu ?

L'un de nos cochons d'Inde est atteint d'une maladie incurable. Nos deux enfants (7 et 10 ans) ne veulent pas que nous le fassions piquer. Mais n'est-ce pas justement la meilleure preuve d'amour que de libérer le malheureux petit être de ses souffrances ?

SI, VOUS AVEZ RAISON. Si le vétérinaire ne vous propose aucune autre solution, il faut le laisser libérer l'animal de ses souffrances. Il est cependant tout aussi important de faire comprendre à vos enfants ce que signifie ici le véritable amour.

Mourir, c'est s'endormir

Les enfants perçoivent généralement la disparition d'un animal domestique autrement que les adultes, surtout si leur animal est envoyé à la mort par un vétérinaire. Ils ne contrôlent pas encore parfaitement leurs sentiments (ce qui est souvent un avantage par ailleurs). La perte de leur animal est souvent leur première confrontation avec la mort, et donc un grand choc marqué par le retour impossible de leur ami au quotidien. Il faut beaucoup de sensibilité et de délicatesse pour leur expliquer que la mort fait partie de la vie. Pour leur faciliter l'adieu, leur faire comprendre que les animaux ne se font aucune représentation de la mort et n'ont donc pas peur de mourir : pour les cochons d'Inde comme pour les autres animaux, mourir ne signifie rien d'autre que s'endormir. Essayez d'en convaincre les enfants.

Que faire de l'animal mort ?

La plupart des enfants souhaitent enterrer leur compagnon à quatre pattes, c'est un désir parfaitement légitime qui aide à surmonter son chagrin. Heureusement, cela ne pose aucun problème avec les petits animaux comme les cochons d'Inde qui peuvent être enterrés dans un jardin, sous un arbuste ou dans une prairie. Prenez le chagrin de vos enfants au sérieux même si leurs démonstrations vous paraissent excessives : réalisez un petit cercueil pour l'animal, par exemple avec un carton à chaussures (on trouve aussi de vrais cercueils en bois dans les animaleries, mais il n'est pas besoin d'aller aussi loin et un carton fait tout aussi bien l'affaire). Y coucher le petit corps et décorer éventuellement son dernier séjour de feuilles et de fleurs.

L'enterrement

Cela peut paraître sentimental, mais portez quand même en terre le meilleur ami de votre enfant. Si possible, marquer la petite sépulture d'une croix en bois ou d'une pierre inscrite du nom de l'animal. Pour les enfants, une tombe est souvent une consolation efficace.

Les premiers signes de vieillesse : Les animaux domestiques vivent en général plus longtemps que leurs cousins sauvages, et ce pour une raison évidente : les animaux âgés et faibles ne bénéficient d'aucune protection particulière dans la nature, tandis que nos petits protégés sont aimés et soignés au mieux. Rien d'étonnant donc à ce que les signes de vieillissement se fassent jour à partir d'un certain âge. Les premiers de ces signes sont un pelage terne, comme usé, et des pertes de poils. Les animaux deviennent aussi plus sujets aux puces et aux acariens, leur système immunitaire n'est sans doute plus aussi efficace et les petits ennuis se multiplient.

À surveiller : Veiller à donner suffisamment de vitamines et de minéraux à l'animal, mais ne rien changer sinon au menu. Les cochons d'Inde âgés deviennent plus calmes et apprécient un petit somme au soleil, mais n'en sont pas pour autant désavantagés au sein du groupe, ils ne sont en aucun cas évincés du coin repas ni exclus. Les animaux âgés et les animaux jeunes s'entendent bien ; on a constaté que des cochons d'Inde âgés pouvaient encore apprendre de nouveaux tours et n'oubliaient pas ce qu'ils avaient appris un an auparavant, leur mémoire travaille bien. Par ailleurs, comme chez de nombreux mammifères, la fréquence cardiaque augmente chez les cochons d'Inde âgés, leurs yeux se troublent et de l'eau s'en écoule, ce qui modifie la pression oculaire. On ne sait pas encore si la vision des animaux en est affectée ou pas, ni dans quelle mesure, mais on suppose qu'ils entendent moins bien car ils crient, ronronnent, gloussent et appellent moins. Il n'existe cependant aucune certitude à ce sujet, ni d'ailleurs pour les autres organes sensoriels. On ne peut que constater en guise de consolation que tous ces signes de vieillissement arrivent tard et ne durent pas longtemps.

La mort des cochons d'Inde

Les cochons d'Inde meurent doucement et paisiblement en quelques minutes, on n'a jamais constaté chez eux d'agonie

Deux bons amis partagent tout : ce cochon d'Inde rend visite à son compagnon pour inspecter son nouveau chez-soi.

MON ANIMAL DOMESTIQUE

Que font les cochons d'Inde toute la journée ?

Transformez-vous en chercheur comportemental et découvrez à quoi vos cochons d'Inde occupent leurs journées. Notez s'ils se reposent ou se montrent actifs à certains moments et les heures auxquelles ils sont particulièrement sociables.

Début du test :

Noter six fois par jour pendant un quart d'heure le comportement du cochon d'Inde. Se limiter à un animal, il est trop difficile d'observer plusieurs animaux à la fois. Établir une liste de ses activités ou, mieux encore, le filmer avec une caméra vidéo. La recherche peut être prolongée plusieurs jours selon l'intérêt.

Résultat du test :

comme cela arrive parfois chez les hommes. Néanmoins, tout ce que l'on sait sur la mort des petits rongeurs résulte d'observations personnelles et je ne crois pas qu'il existe d'études sur le sujet. La plupart des animaux mangent moins le jour de leur mort, ne se déplacent quasiment plus et ne quittent parfois pas leur abri, comme pour se retirer. Il arrive aussi que la mort puisse être observée en direct : les cochons d'Inde se couchent sur le côté comme pour dormir et ne quittent plus cette position, somnolant et respirant avec difficulté, jusqu'à ce que leur corps soit brusquement agité de plusieurs tressaillements. C'est la fin, ils sont morts.

Les autres membres du groupe : Ils ne réagissent souvent pas à la vue de leur camarade mort, aussi étonnant que cela paraisse. Même lorsque le corps reste quelques heures dans la cage, c'est tout au plus s'ils le flairent en passant sans manifester le moindre chagrin. Nul ne peut savoir ce qu'ils ressentent, mais je soupçonne qu'ils ne considèrent plus l'animal mort comme l'un des leurs.

Conseil : Heureusement, les cochons d'Inde meurent sans souffrir et on peut donc éviter de les faire piquer par le vétérinaire. En cas de maladie grave et douloureuse cependant, ne pas hésiter à libérer l'animal de ses souffrances en demandant une injection au vétérinaire.

Un cochon d'Inde sollicité physiquement et intellectuellement ne présente aucun trouble du comportement. ▶

Faire garder ses cochons d'Inde

Si vous partez en vacances et que quelqu'un s'occupe de vos cochons d'Inde pendant ce temps, notez ici tout ce que votre remplaçant doit savoir pour être sûr que vos petits compagnons seront soignés au mieux et pouvoir profiter pleinement de votre congé.

Mes cochons d'Inde s'appellent :

Quelques-unes de leurs caractéristiques physiques :

Ce qu'ils aiment manger :

Tous les jours dans cette quantité :

Une fois par semaine dans cette quantité :

Des friandises de temps en temps :

Comme boisson :

Les heures des repas :

Les aliments sont rangés à cet endroit :

Ménage :

À nettoyer tous les jours :

À laver toutes les semaines :

Les petites attentions qu'ils aiment :

Comment les occuper idéalement :

Ce qu'ils n'aiment pas du tout :

Ce qu'ils n'ont pas le droit de faire :

Autres points importants :

Leur vétérinaire :

Mon adresse de vacances et mon numéro de téléphone :

INDEX

Les numéros de pages en **gras** renvoient aux illustrations.

ASSOCIATIONS

SPA (Société protectrice des animaux)
39, boulevard Berthier
75847 Paris Cedex 17
Tél. : 01 43 80 40 66
www.spa.asso.fr/

Confédération nationale des SPA de France
25, quai Jean-Moulin
69002 Lyon
Tél. : 04 78 38 71 85
www.spa-france.asso.fr

Fondation 30 millions d'amis
40, cours Albert Ier
75008 Paris
Tél. : 01 56 59 04 44
www.30millionsdamis.fr

Protection suisse des animaux
Dornacherstrasse 101
4008 Bâle
Tél. : 061 365 99 99
www.protection-animaux.com

Pour un répertoire des associations dans le monde entier :
www.worldanimal.net

Où demander conseil sur l'élevage de cochons d'Inde ?

Dans les magasins spécialisés et auprès de son vétérinaire.

Les cochons d'Inde sur Internet :

www.cobayesethamsters.com
www.rongeurs.net
(site où l'on trouve, entre autres, la liste des plantes toxiques d'intérieur

REMERCIEMENTS

Je remercie le professeur Norbert Sachser et son équipe pour leur contribution essentielle à une meilleure compréhension des cochons d'Inde. Je remercie également mon directeur de thèse, le professeur Tschanz, qui m'a initié à la recherche comportementale.

LES PHOTOS

Les photos en ouverture des chapitres représentent :
Page 6 : Les cochons d'Inde ne connaissent pas l'envie et partagent presque tout « fraternellement ».
Page 32 : La petite maison qui sert de refuge est très importante pour l'animal proie au comportement de fuite inné qu'est le cochon d'Inde. La choisir de préférence en bois avec deux entrées ou sorties.
Page 50 : Qui ne souhaiterait un animal aussi parfaitement docile ? Une relation de confiance construite dès le début permet d'éviter les déconvenues.
Page 64 : Cette savoureuse brochette occupera vos cochons d'Inde un bon moment.
Page 78 : C'est l'heure de la sieste, ne pas déranger ! Il est très important de respecter les phases de repos des animaux.
Page 96 : L'activité est indispensable pour la forme physique et intellectuelle.
Page 105 : Mère et enfant. Les petits cochons d'Inde sont rapidement autonomes.
Page 122 : L'arrivée d'un nouveau congénère. De grandes précautions s'imposent pour habituer les animaux l'un à l'autre.

Édition originale

© 2006 Gräfe und Unzer Verlag GmbH, Munich
Rédaction : Christine Axmann, Gabriele Linke-Grün, Veronika Sonnleitner, Adriane Andreas
Maquette intérieure : independent Medien-Design
Repro : Fotolito Longo, Bozen

Édition française

Traduction : Claire Debard
Réalisation : Philippe Brunet / PHB

ISBN : 978-2-501-05352-5
Dépôt légal : 88658 – août 2007
Édition 01

Imprimé en Espagne par Estella Gráficas